MELHORES
POEMAS

Alberto da Costa e Silva

Direção
EDLA VAN STEEN

MELHORES
POEMAS

Alberto da Costa e Silva

Seleção
ANDRÉ SEFFRIN

São Paulo
2007

© Alberto Vasconcellos da Costa e Silva, 2004

Diretor Editorial
JEFFERSON L. ALVES

Gerente de Produção
FLÁVIO SAMUEL

Assistente Editorial
ANA CRISTINA TEIXEIRA

Capa
VICTOR BURTON

Revisão
JOÃO REYNALDO DE PAIVA

Editoração Eletrônica
ANTONIO SILVIO LOPES

Dados Internacionais de Catalogação na Publicação (CIP)
(Câmara Brasileira do Livro, SP, Brasil)

Silva, Alberto Costa e, 1931- .
 Melhores poemas / Alberto da Costa e Silva ; seleção André Seffrin. – São Paulo : Global, 2007. – (Coleção melhores poemas)

 Bibliografia.
 ISBN 978-85-260-1186-1

 1. Poesia brasileira I. Seffrin, André. II. Título.
III. Série.

07-0318   CDD-869.91

Índices para catálogo sistemático:
1. Poesia : Literatura brasileira   869.91

Direitos Reservados

GLOBAL EDITORA E
DISTRIBUIDORA LTDA.

Rua Pirapitingüi, 111 – Liberdade
CEP 01508-020 – São Paulo – SP
Tel.: 11 3277-7999 – Fax: 11 3277-8141
e-mail: global@globaleditora.com.br
www.globaleditora.com.br

Colabore com a produção científica e cultural.
Proibida a reprodução total ou parcial desta obra
sem a autorização do editor.

Nº DE CATÁLOGO: **2519**

André Seffrin é crítico literário e ensaísta. Atuou em jornais e revistas (*O Globo, Jornal do Brasil, Última Hora, Jornal da Tarde, Gazeta Mercantil, Manchete* etc.), escreveu prefácios e ensaios para edições de autores nacionais e organizou, entre outros livros, o *Dicionário de pintores brasileiros* de Walmir Ayala (1997), a *Antologia poética*, de Foed Castro Chamma (2001), as novelas *O desconhecido e Mãos vazias* e *Inácio, o enfeitiçado, e Baltazar* de Lúcio Cardoso (2000/2002) e os *Contos e novelas reunidos* de Samuel Rawet (2004). Também escreveu ensaios biográficos para edições de arte: *Roberto Burle Marx* (1995), *Joaquim Tenreiro: artista e artesão* (1998) e *Sergio Rodrigues se recorda* (2000).

MEMÓRIA ACESA COMO UM CÍRIO PERFEITO

Alberto da Costa e Silva publicou a maior parte de seus livros de poesia em tiragens de 500 exemplares, pequenas relíquias gráficas distribuídas entre amigos, geralmente nas proximidades das festas natalinas. Uma espécie de consoada ecumênica, convicção do sublime à margem das modas e imposições, sobretudo as de ordem editorial. A edição que, em todos os sentidos, o confirmou definitivamente como um dos maiores poetas brasileiros, é de 1978, *As linhas da mão*, com prefácio de Antonio Carlos Villaça. Reunia poemas escritos no decênio 1967-1977 e quatro livros anteriores: *O parque e outros poemas* (1953), *O tecelão* (1962), *Alberto da Costa e Silva carda, fia, doba e tece* (1962) e *Livro de linhagem* (1966). Villaça então o situava na "geração literária que tem suas expressões mais típicas em Ferreira Gullar, Carlos Nejar, Lélia Coelho Frota, Walmir Ayala, Carlos Pena Filho, Mário Faustino". Geração, como se sabe, muito vasta, e de poetas altamente significativos, habitualmente referida nos postulados estéticos da chamada Geração de 45, quando na verdade viveu emparedada entre esta e o Concretismo, do qual é contemporânea. Basta ler as obras que esses poetas escreveram: são, em sua maioria, elegíacos ou pós-simbolistas órficos (por vezes sob a égide do Jorge de Lima de *Livro de sonetos* e *Invenção de Orfeu*) banhados aqui e ali por uma índole neo-romântica ou clássica. Nessa vertente eminentemente clássica da geração, Alberto da Costa e Silva é um elegíaco da família de Sá de Miranda e Camões, que chega aos nossos dias em Rilke, em Jiménez, em Lorca, em Auden, em Cecília Meireles, em Joaquim Cardozo. Parodiando Cecília, uma família de serenos desesperados, para quem a poesia se vive e se escreve no exílio e na tristeza.

Exílio e tristeza que nada amortece e, no seu caso, tem origem palpável: a figura paradigmática do pai, Da Costa e Silva (Antônio Francisco da Costa e Silva, 1885-1950), dos maiores e mais populares poetas que o Brasil conheceu no início do século XX, "atingido no cerne da alma" por injustiças e "agressões impiedosas" que o condenaram nos últimos anos a carregar "o exílio e o cárcere consigo", pois "já se fora dele próprio, definitivamente, em 1932 ou 1933, e eu apenas convivi com o seu corpo e a sua bondade".

...ele não acordou, embora o esperasses
e fizesses da espera o centro de teu sonho.

Esta herança paterna foi (como diria o Drummond de "Os bens e o sangue") a sua riqueza abstrata e una. "Como recebi de meu pai este destino, fiquei a ouvir-lhe a voz em cada um dos poemas que me vi obrigado a escrever. Paradoxalmente, contudo, quem sempre esteve a fugir da febre da poesia, não aspirou a ser senão, em todos os seus dias, poeta."

José Paulo Paes, com a segurança crítica habitual, apontou "o temperamento essencialmente lírico, ou melhor, elegíaco" que o vocacionou "antes para uma dicção cuja gravidade rememorativa iria encontrar, nas formas tradicionais da lírica de língua portuguesa, o seu veículo de eleição". Uma tradição que, para João Gaspar Simões, foi "nem mais nem menos a única que em verdade lhe consentiria ser ao mesmo tempo ele próprio e todos aqueles que o precederam". Embebido assim das obras daqueles que o precederam, a exemplo de Camões e Fernando Pessoa, Alberto da Costa e Silva elaborou sua obra com paciência obsessiva e rigor cartesiano. Esse apuro formal, todavia, nasceu do que Antonio Carlos Villaça considerou "uma vitória permanente da cultura sobre a natureza ou da exigência sobre a facilidade". E, se os ventos concretistas chegaram a fustigar-lhe o espírito, ele não percorreu sozinho essa estrada: também Manuel Bandeira e Cassiano Ricardo, para citar apenas dois exemplos, estiveram ao relento do vendaval formalista dos anos 1950. Em Alberto, contudo, um vôo episódico, minimamente preservado na edição dos *Poemas reunidos* (2000), ora no poema "Um artesão", ora no figurativo "Giro". Claro, o teto elegíaco o protegeu nessa expedição a alguns movimentos sinestésicos de letras e vocábulos, quem sabe na trilha de e. e. cummings, poeta de sua afetuosa admiração.

Vale recordar a essa altura a experiência de Drummond que, contrariando seus próprios prognósticos, igualmente assimilou (quando menos, como fundo de palco) aquela voga formalista, que nele vai de *Claro enigma* a *A paixão medida*, ou seja, de 1951 a 1980. Do ângulo histórico, na aguda observação de Alberto em *Antologia da poesia portuguesa contemporânea* (1999), vivia-se um "reexame da tradição poética de língua portuguesa" (leia-se: Fernando Pessoa). E é de se recordar ainda outra observação sua, bastante curiosa, em *O vício da África e outros vícios* (1989), sobre um "poema de letras" que lhe veio em sonho em meados dos anos 1940 e que reencontrou na Primeira Exposição de Arte Concreta. Era *O formigueiro*, de Ferreira Gullar. Descobriu mais tarde que as formigas do seu sonho poderiam "ter nascido de uma remota e olvidada leitura": "E a semente do poema de Gullar poderia ser a mesma, uma involuntária ou desejada glosa às páginas de *Histoires naturelles* [de Jules Renard], tão inteligente, ágil e hábil quanto as voltas de uma redondilha camoniana." Sem dúvida, um caminho aberto a discussões inesgotáveis.

Sobre seu processo de criação, esclarece: "Quando era jovem, nos meus 15, 16, 17, mesmo 18 anos, escrevi muito e publiquei demasiado. Depois fui reparando que o que cada um de nós tem de importante para dizer é muito pouco. E passei a escrever muito menos e a publicar ainda menos." Há quem aí enxergue um sinal de cerebralismo. Creio que Gerardo Mello Mourão e José Guilherme Merquior perceberam com mais exatidão: trata-se de um sentimento do mundo como que destilado. Sentimento do mundo que lhe orientou na busca de uma determinada luz da infância, périplo testemunhal embalado pelo realismo de imagens e palavras que cantam como meninos a cavalo ou giro de bola de gude ("nela, como no céu, passavam as nuvens") entre os dedos. Dentro daquilo que podemos chamar de o seu livro de linhagem, tudo sob o efeito de uma embriaguez que não termina:

Teus olhos estão nos olhos
do velho, a boca na sua,
aquela mesma inocência,
o mesmo amor pelos trastes,

> o mesmo corpo recurvo,
> o mesmo queixo de quarto-
> crescente, a mesma certeza
> do gado a mugir no pasto.
> Ah, velho! ah, menino! nasce
> de um rosto a carne do outro.

Tais versos se fundam no mais fundo do seu drama, um mundo que fez seu a bom preço de lágrima e de sonho, de alegria e tristeza. Mais tarde, ao pai chega a pedir que o esqueça menino, pois "nada quis ser, senão menino". Pai que foi seu melhor companheiro de infância e que irá acompanhá-lo sempre, em sono e em sonho, desde "Elegia serena", em que os ventos lavam o fugidio e

> levam à consumação
> ao tranqüilo remanso
> onde fomos e seremos sonhos puros
> sono.

Porque o "sono limpa", embora todo o desejo se traduza num sentimento de impotência – dele, de todos nós – frente ao frágil destino humano, a precariedade das coisas, o nosso tempo restrito, a morte, "guardiã e prisioneira" que "vela sempre ao nosso lado/ e põe em nós o seu olhar de noiva", e "nos persegue vestida de beleza". Um quadro já antecipado em "Elegia", de *O parque*:

> Sofrer esta infância, esta morte, este início.
> As cousas não param. Elas fluem, inquietas,
> como velhos rios soluçantes. As flores

que apenas sonhamos em frutos se tornaram.
Sazonar, eis o destino. Porém, não esquecer
a promessa de flores nas sementes dos frutos,
o rosto de teu pai na face do teu filho,
as ondas que voltam sobre as mesmas praias,
noivas desconhecidas a cada novo encontro.
As cousas fluem, não param. As folhas nascem,
as folhas tombam longe, em longínquos jardins.
Em silêncio, vives a infância de teus olhos
e, morto, és tão puro que te tornas menino.

José Paulo Paes aponta ainda o essencial sobre os seus temas primordiais: "A preocupação da morte, as mais das vezes centrada no sentimento da perda do pai; a nostalgia da infância, vinculada de perto ao tema anterior pela circunstância de que, para o poeta, 'a morte retorna as cousas da infância tangível'; o culto do sonho e da memória, tão bem explicitado numa 'Ode a Marcel Proust'."

Sem esquecer a lírica amorosa, tão profusa e vez ou outra mesclada ou catalisada pelo sentimento da Ausência, que em grande parte dos poemas da maturidade, até o magma de "Testamento", alcança as planuras da "Canção elegíaca", de Joaquim Cardozo, ou de "A lápide sob a lua", de Abgar Renault. Isto é, nos espaços algo rarefeitos das criações que realmente significam, a exemplo de "Rito de iniciação", "As linhas da mão" e "O menino a cavalo", este amplamente considerado pela crítica entre os poemas definitivos da língua portuguesa. Assim criou Alberto da Costa e Silva versos de extraordinária plasticidade e beleza, algo característico também da sua arte do soneto, quando o diálogo com a tradição se intensifica.

"Não existe o artista bicho-da-seda (do símile de Coleridge), que tira tudo de si próprio. Toda a arte, e sobretudo a grande arte, nasce do diálogo com o passado", anotou no ensaio *Mestre Dezinho de Valença do Piauí*. Ora, em todo sonetista de gênio podemos vislumbrar afinidades, ecos, rastros que nos conduzem a Petrarca, a Sá de Miranda, a um certo maneirismo que vem de Camões e passa por Gregório de Matos e Bocage, e que pode ser percebido hoje em poetas tão díspares como Alberto da Costa e Silva, Ivan Junqueira e Glauco Mattoso.

Em Alberto, é o soneto não apenas como caixa sonora de palavras, mas como arquitetura de amplíssimas ressonâncias, expressão e emoção a registrar firmemente o vivido, em que os motivos poéticos se multiplicam, polifônicos. Sonetos que atingem modulações rítmicas de uma leveza quase abstrata, a exemplo de "Reminiscência de Keats", "Vera Canta" ou "Soneto de Natal" (*O tecelão*), "Um e nenhum" (*Carda, fia, doba e tece*), "Sonetos rurais" (*Livro de linhagem*), os quatro sonetos sem título de *As linhas da mão*, "Soneto a Vermeer" e "Soneto a Vera" (*A roupa no estendal, o muro, os pombos*), "Quando o sonho se acolhe em nosso corpo" (*Consoada*). Como disse César Leal, em "uma poesia como a sua não se procura a estrutura do conceito mas a estrutura da percepção". Soneto como um jardim iluminado, o que se vê e se registra em medida imponderável:

Respiro e vejo. A noite e cada sol
vão rompendo de mim a todo o instante,
tarde e manhã que são tecido tempo,
chuva e colheita. O céu, repouso e vento.

Vergel de aves. Vou entre viveiros,
a caçar com o olhar, passarinhagem
dos pequeninos sóis e das estrelas
que emigram neste céu de goiabeiras.

Mas sigo a jardinagem, podo o tempo,
o desgosto do espaço, a sombra e o fogo,
as florações da luz e da cegueira.

E, no dia, suspensa cachoeira,
neste jogo sagrado, vivo e vejo,
o que veio em meus olhos desenhado.

Poesia como invenção do saber, quando o poeta se encontra naquela "incomparável pureza" a que o predestinou o já citado João Gaspar Simões. E é embalado pela pureza de suas próprias palavras que ele vai escrever outra de suas obras-primas, *Espelho do príncipe* (1994), livro que nasceu para figurar entre os clássicos do gênero memorialístico, ou seja, *O menino e o palacete* e *Os seres*, de Thiers Martins Moreira; *Segredos da infância* e *No tempo da flor*, de Augusto Meyer; *Infância*, de Graciliano Ramos; *Balão cativo*, de Pedro Nava; e, noutro plano formal, *A idade do serrote*, de Murilo Mendes, e *Boitempo*, de Carlos Drummond de Andrade.

A memória da infância é uma ilha perdida, escreve Augusto Meyer no início de suas memórias da meninice. Sair em busca dessa ilha – diz ele – é "voltar à raiz da vida, reviver aquela fase em que a gente é ao mesmo tempo todas as coisas, berço, aurora, sino e onda, uma parcela integrante da totalidade, sem o individualismo exclusivista", pois "só o homem feito pode compreender o mal de já não ser criança". É página de 1949 e creio que Alberto da Costa e Silva não hesitaria em assiná-la, pois em 1962 observou, com igual fervor, que "se não se têm esses olhos de infantil verdade, todas as cousas nos enganam, tornam-se as palavras sem carne com que construímos a árida abstração que é o curral dos adultos". Do poema "Hoje: gaiola sem paisagem", em *Carda, fia, doba e tece*:

Nada quis ser, senão menino. Por dentro e por fora,
[menino.
Por isso, venho de minha vida adulta como quem
[esfregasse na
pureza e na graça o pano sujo dos atos nem sequer
[vazios, apenas
mesquinhos e com frutos sem rumo.
Como se escovar os dentes fosse montar num cavalo e
[levá-lo a
beber água ao riacho! Como se importasse à causa
[humana ler os
jornais do dia!

É toda uma profissão de fé, a marcar-lhe o percurso, do início ao fim.

Em Augusto Meyer, em Alberto da Costa e Silva, há ainda a filiação simbolista e clássica, a erudição cultivada com naturalidade e senso de medida, o apego às fontes regionais e à "ambiência mítica" da infância, a lírica amorosa, de extração simbolista e fundo elegíaco, com um quê de crepuscular e, apesar do apego à tradição, um certo gosto pela produção vanguardista. São traços básicos que os identificam, mas o que parece irmaná-los, antes de tudo, é o perfil humanista. Fausto Cunha, ao estudar este aspecto na obra de Meyer, refere-se a ensaístas que se distinguem pelo "lastro humanístico que possuem, lastro que lhes permite situar a expressão literária antes de tudo como um fenômeno de cultura, em oposição ao que se poderia chamar de fenômeno de texto". Seja nos estudos sobre o continente africano ou sobre "a África no Brasil e o Brasil na África", algo a que chamou de "vício da África, tão comum nos que lá algum dia viveram", seja nos ensaios sobre artes plásticas (e basta citar aqui o texto sobre Dezinho, que lembra o melhor Clarival do Prado Valladares), bem como em tudo que Alberto da Costa e Silva escreveu sobre poesia ou aspectos da vida cultural brasileira, existe a marca do poeta e do humanista. Seus textos nos tomam pela mão e nos conduzem amorosamente pelos temas que propõem. São textos de um erudito que harmoniza encantação poética e generoso convívio humano, nos quais confluem o historiador-estilista, na linha de Euclides da Cunha e Gilberto Freyre, e o puro estilista – como Machado de Assis e Raul Pompéia.

Nessa perspectiva, num arco que se inicia no Raul Pompéia de *O Ateneu*, em que não raro o romance tangencia as memórias e vice-versa, é que Alberto da Costa e Silva escreveu *Espelho do príncipe*, poema em prosa cujo bucolismo elegíaco ora se espraia ora se rarefaz naquilo que o autor chama de "ficções da memória". Nele, percebeu Gilda de Mello e Souza um temperamento sensível não só ao recurso infinito das palavras mas também à visibilidade imperiosa das coisas. Um fluxo memorialístico em que o factual e o anedótico, tão característicos do gênero, dão lugar a pequenos fotogramas densos de música e cor. Fotogramas que se desenvolvem em contraponto, em episódios que se desdobram ou enovelam. Um deles fala da amizade do menino com o carneiro. Já em *Consoada* (1993), o tema aflora num soneto:

> *E quando eu era um príncipe e andava entre os rebanhos,*
> *e só havia a pressa do bonde e da guitarra,*
> *eu ia para a escola montado num carneiro,*
> *o pássaro do sonho pousado no meu ombro.*

Em *Espelho do príncipe*, volta o carneiro, "novelo branco do qual saíam, como pernas, quatro agulhas de tricô. (...) O cinza dos cascos bilobados a florir na ponta do bambu fino das pernas. O labirinto interno das orelhas. A tristura dos olhos de espera. A lã tão lã, que não cansava as mãos nem o esfregar do rosto." São episódios envolvidos em pureza e lirismo, e que em certos momentos parecem evocar a fábula de Jiménez, *Platero e eu*. Todavia, nesse universo lírico-mítico em que convivem gente e bichos, a referência maior talvez esteja bem mais próxima do que imaginamos – em ninguém menos que Guimarães Rosa, este criador de meninos reais, "tão reais e tão meninos" – afirma Alberto – "que cada um de nós neles também revê suas saudades". Meninos que um dia, nos longes da paisagem, como num poema de *Consoada*, tudo ou nada saberão do desenho da vida

> *nem dos barcos embriagados e outros versos que ficam,*
> *adolescentes, nos passos que damos para dentro*
> *de nós, de nossas veias, nem das mãos que retocam*
> *o amor na memória.*

Sobre a poesia de seu pai disse Alberto que nela ele "purifica as memórias de outros tempos, repõe em nossa vida a idade de ouro da sua meninice, dá formas e cores espirituais à realidade que um dia viveu, faz de sua cidadezinha uma cousa mental". E é como se estivesse a olhar para a sua própria obra, porque

*...o que é menino
não chega a velho jamais, não adoece
de seriedade, não se pui, não passa,
não usa paletó, nem põe gravata.*

Alberto da Costa e Silva, um poeta que, "entre muros de cinza, solidão e cansaço", prefere se ver como "um cantor da relva mínima e dos bois", sob o "mar do instante". A memória acesa como um círio perfeito, poeta que canta o que a alma sente.

André Seffrin

POEMAS

O PARQUE
(1953)

ELEGIA SERENA

Desnudando o seu próprio segredo
o corpo adormeceu sob o sopro dos ventos
os tristes ventos que traziam as formas
frágeis da inocência.

A morte retorna as cousas da infância tangível
no velho corpo que repousa
tão tranqüilo
o antigo perfil plácido e fixo
na fragilidade de um azul desolado.

Morto,
o que buscas agora se o mistério possuis?

Talvez a quietude sem fim anseie o grito
o murmúrio das vozes límpidas e claras
a longa queixa
o gemido do ser que se dobra
para completar-se em seus mortos antigos.

As cousas ajoelhadas sobre o trôpego dia
de ressequido pó, recolhem os teus desejos
caminham ao meu encontro
vindas do teu repouso
tão perfeito

tão perto do silêncio
longe
lá onde a noite possuis
plena de mistério.

Lavam o fugidio, purificam o teu semblante
estes ventos, estes úteis e frágeis, claros e
                         [abandonados ventos
que levam à consumação
ao tranqüilo remanso
onde fomos e seremos sonhos puros
sono.

O PARQUE

O tempo a fonte estanca e o torso apaga.
Este de formas puras de pedra, quase carne,
despojado de ternura e de tristeza, imóvel

entre as sombras das árvores e o silêncio,
o fluir das águas frescas da fonte tão próxima
e a doce transfiguração da noite em morte.

Nas antigas lajes os passos dos meninos
gravados no passado remoto e, bem marcado,
o trotar dos burricos que flores carregavam.

As águas correm e, contudo, permanecem.
Quantas palavras não guardaram as cousas!
Quantos gestos nas pedras se perderam?

Os cântaros jamais receberão as águas
pelas outras fontes abandonadas como
esquecemos um pouco de nós por toda a parte.

Este rumor tão distante e tão próximo
que as nossas mãos acariciam, cuidadosas,
é o mesmo fluir do chafariz antigo,

o mesmo soluço nos recantos de sombra
do inviolável jardim, a mesma chegada
infantil das bicicletas nos domingos brancos.

A fonte, embora o tempo exista, existe
ainda e, embora seca, o seu rumor ouvimos,
tão distinto, tão perfeito, tão diverso.

Antes que o tempo estanque a vida, antes
que o torso antigo, calmo e puro como
as lajes de um templo lavadas de prece,

seja apenas um bloco desfigurado e efêmero
de pedra, apagado pela chuva e pela brisa,
sem sopro algum de inocência ou pensamento,

acenderemos a memória e, na calma das luzes,
descobriremos um homem sobre a fonte reclinado,
o punho sustentando uma feia cabeça.

FLUMEN, FLUMINIS

Ouçamos o fluir deste curso de rio
entre velhos muros imóveis de fadiga
não apenas meras lajes limitadas e cinzentas
mas pedras tristes e calmas
entre as quais escorre o límpido silêncio
da água que flui sobre a nudez
pura da morte

em nenhuma outra fonte, o cansaço
de ser manhã quando a noite se debruça
sobre nós, sofreremos
pois tão estranhos seremos ao murmúrio
de suas águas veladas
à música que nada anuncia a não ser primaveras
como agora, sôfregos, nos reclinamos
sobre o líquido móvel deste rio que leva
para o mar distante e irrevelado
estas formas maduras e tranqüilas
este sopro perfeito
daquilo que foi apenas o fugidio e precário pó.

ODE A MARCEL PROUST

Teus olhos, no retrato,
destilam lágrimas
e abraçam silentes o horizonte.
Tua face, na noite,
é um soluço inútil.

Por entre as moças em flor,
revejo o silêncio das ruelas
dos teus passeios noturnos,
assombrados de insônia,
pelos caminhos insondáveis
do amor e da infância.

Retiras da memória
um mundo ignoto e novo,
e acompanhas, nas tuas vigílias,
os passos dos homens nos tapetes
e as palavras doces que não foram pronunciadas.

A cada instante, um encontro inesperado:
um peixe, uma gravata ou uma flor apenas entreaberta.
Tuas mãos repelem a morte, enluvadas,
e escrevem como se nada mais existira
a não ser a torre da matriz de Combray.

Proust, repercute em mim
toda a tua agonia, companheiro.
Deixa, Marcel, que recolha tua tristeza,
como lágrimas num lenço,
do tumulto das páginas de teus livros,
e
grave na minha boca
o sentido mais oculto de tuas palavras.

Teus olhos, no retrato,
derramam-se na bruma.
E colocas, agora, mansamente,
com requintes de estranha vaidade,
uma flor – talvez orquídea –
　　　na lapela.

APARIÇÃO DE FORTALEZA

Ruas e sombras de Fortaleza, meninas doces,
árvores velhas onde esqueci a infância que foi
tão triste e tão pouca, cidade onde o amor
está tombado a teus pés,
frágil e puro
como uma flor.
Onde caminho cercado pelos meus fantasmas,
entregue aos meninos que são o que fui,
embalado pela pureza de minhas próprias palavras,
cansado, tão cansado, Fortaleza,
quase perdido por vos haver perdido.

Roteiros de bicicletas pela Praça do Carmo,
ganhando as distâncias das longas alamedas,
revendo as frágeis moças que passam
na doçura morna das tardes,
recompondo a imagem dos vendeiros encarapitados
[nos burricos mansos,
a suavidade dos contornos, a brisa envolvente, os
[oscilantes jardins,
os longos e inesperados encontros com o desconhecido,
os pressentimentos de inúteis e infindáveis viagens
do menino triste, sentado no muro, a mãozinha no
[queixo.

Cidade de meu pai enfermo. Minha cidade.
Cidade onde se pode chorar sobre os muros de saudade.
Cidade feita para as lágrimas e para adeuses,
para as súbitas e inexplicáveis alegrias.
Cidade onde o mar quebra
com o impulso de velhos marinheiros náufragos
que subitamente retornassem à pureza das praias.

ELEGIA

Sofrer esta infância, esta morte, este início.
As cousas não param. Elas fluem, inquietas,
como velhos rios soluçantes. As flores
que apenas sonhamos em frutos se tornaram.
Sazonar, eis o destino. Porém, não esquecer
a promessa de flores nas sementes dos frutos,
o rosto de teu pai na face do teu filho,
as ondas que voltam sobre as mesmas praias,
noivas desconhecidas a cada novo encontro.
As cousas fluem, não param. As folhas nascem,
as folhas tombam longe, em longínquos jardins.
Em silêncio, vives a infância de teus olhos
e, morto, és tão puro que te tornas menino.

POEMA

Depois virá a morte me ferir de pranto,
branca e nupcial entre nardos. Mas antes
descobrirei, ó carne, a alegria do sonho.

Descobrirei as frágeis manhãs e as tardes,
os luares sobre as praças, os luares sobre o cais,
os jardins sem mistério, a verde torre, o mar.

Antes que venhas, ó noiva, sobre os campos de trevo,
reverei a minha imagem à infância entregue,
na tarde pura, tão fiel ao seu destino.

Revejo o casario, a noite enfurecida.
A lua – flor volúvel – acorda esta saudade.
Soluço sobre a sombra dos caminhos.

E me revejo menino. Esta imagem é tão nítida
que eu mesmo me torno em azul e passado.
Caminho pelas ruas da infância, a minha pátria,

e te possuo, ó palavra!

O TECELÃO
(1962)

DE PÉ NA VARANDA RECORDANDO

De pé na varanda recordando
o menino a tosquiar o pêlo do carneiro
flautas de um azul sobre a terra dos telhados
enquanto parto *adeus!* aceno do cavalo

logo as lavadeiras cantam a branda espuma
e o focinho estremece do animal detido
pelas rédeas na mão do menino do açude
tranqüilo é o sol e o sonho é invertido

se alguém nasceu por fugir do silêncio
nem por isso as palmeiras se cansaram
de sua sombra de cravo tocado pelos dedos
e louça da manhã disposta sobre a mesa

adeus! que já desabam as folhas momoeiras
se partem à beira d'água enquanto indago e escuto
a minha voz o canto de um inferno vencido
pelo odor das mangas e o prostrado menino

que soluça tombado sobre o magro joelho
de um outro (velho) fácil é apear-se a cilha
se aperta depressa e dóceis são os dias
que a palavra recria como flores de cacto

mas vivê-los vivê-los nem as bilhas
com sua clara frescura nos devolvem
esta alegria de sonhá-los altos
e não a areia pobre que nos deram

e se pelo natal devoramos castanhas
de que inverno nascem que dias adormecem
em sua polpa branca é a camisa que veste
o corpo solitário a beber o seu vinho

espanco o animal o pranto suja o rosto
salto o tear das flores *até à vista!* meus
são os verões por viver e os campos de dores
o sol não se disfarça nos olhos dos coelhos.

SONETO 1

Voltada sobre o pano, a moça borda
a infância e seus jardins, os dias claros,
as despedidas na ponte dos poentes,
a magia da noite, os seus cavalos.

Como evitar a morte, a mão que borda,
ao sereno lençol que, nu, aguarda
a forma de seu sonho, humilde, indaga,
senão amando e se tornando amada?

O fio compõe a lenda, sobre o linho,
do capim trescalante e o rio da tarde
que banhava a colina e os dois amantes.

Mas, por saber no amor eternizado
o que a morte vencer não pode mais,
a mão desfaz os pontos já bordados.

SONETO 2

Os potros cavalgados por meninos
fazem os luares e as manhãs, e morrem
nas luas novas e, ao morrer, persistem
na solidão do sonho de quem dorme,

e na vigília enferma, e nos sorrisos
das moças nos coretos, e nos galos,
nos êxtases das balsas, nas origens
de teu corpo de vinha, linho e ave.

Longas crinas arrastam pela areia
e banham pedra e rio de girassóis
que os cascos pisam e as madonas colhem.

E, se agonizam com a lua, exaustos,
não se apagam das cousas, continuam,
como a infância no amor e o amor na morte.

SONETO 3

Cerâmica e tear: as mãos trabalham
e constroem o amor num fim de tarde,
como jarro de rústico gargalo
ou fino pano arcaico. Sobre o barro

põem desenhos mais jovens de suaves
moças dançando e restos de paisagens
da infância e da montanha: perfis núbios
sobre o vermelho poente desse jarro.

E a substância mais tímida do sonho,
nas mãos do artesão, faz de seu pranto
e cismas, riso e ardor, tecido raro

em que se borda uma novilha, bela
como o beijo em setembro, em que se fez
o amor com outro fio e um outro barro.

POEMA DE ANIVERSÁRIO

De que céu, se o céu em que desfaço
as mãos em flores, que trazia, parte,
hei de esperar que pare este mudar-se
de outras claras manhãs nesta tristeza?

Alto sonhamos com imóveis águas,
setembros permanentes, garças fixas,
mas os olhos e as mãos nada conquistam,
e enegrece na mesa a maçã limpa.

Carda o rude luar a lã noturna.
A vida é só e o pranto, pequenino.
Que fazer deste rastro sem sentido
que vem ao homem e parte do menino?

O ESPAÇO VAZIO

Quem fez de tua corola
a boca que não responde
e se verga à brisa e corta
nosso espanto e nossa fome?

Qual a fonte que te banha,
que não mana, nem se esconde
entre as ramas, e na fronte
os cabelos nos derrama?

De que és feita, de que asa
sem inércia e vôo, ausente,
mas que embalam, nas sacadas,
os leques? O rio que mente,

que oculta seu curso e praias,
teu segredo também cala.
Que escondes, ó flor? Desmaia
em nosso olhar tua cor

de ar sem céu, sem perfume,
sopro que morre na flauta,
cornamusa muda, ovelha
sem lã, aprisco e pastor.

Por entre a mão frágil, fina,
que dobra a haste sem trama
vegetal, que não te liga
nem à terra, nem ao drama

do meu sonho, ó inexistente
que em pura beleza existes,
por que foges? De que chama
nasce e morre o breve ausente?

Vences a sombra... A lembrança,
ó lânguido quartzo, ó nada,
mentira de vergel mansa,
é uma rede imaculada,

pois morres sem ver os dias
no teu exílio sem tempo,
sem que recebas a herança
dos jarros das madrugadas.

Ó vertigem, claro ente
de um paraíso feroz,
sal e carne dessas ondas
que as tarrafas nunca prendem,

que raízes tens na tarde
dividida pelo sol
e o seu prenúncio lunar?
Por que ficas, puro e só,

centauro de flor e ar,
que inventas a nostalgia
de ser eterno, não sendo
martírio de um raro olhar?

REMINISCÊNCIA DE KEATS

Mar de morros além e a campina ondulante,
gosto claro de infância em tua boca, e tudo
tão simples, tão suave, praias onde pascem
unicórnios de cal, e jardins ao crepúsculo.

Por ser a vida assim, esta exata medida
entre a onda e a areia, alcancei a saudade,
descida entre romãs, e o símbolo sem chave
de uma alma na carne além da tua carne.

Sem rumo como um céu, sem vão pedido, como
serena adoração, estávamos em vôo
no iluminado ar de um quase beijo, puro...

Não atingir a estrela entre uma vaga e outra...
A avena de teu lábio argumentou, sentida,
sobre a maré cativa e a cinzenta campina.

VERA CANTA

Dissesse agora o sonho sobre o mar
em que garimpo as ondas e os luares,
saltimbancos de azul e alvos bordados
de touros, sóis e pãs descabelados,

compreenderias que ouço a tua voz
de avena clara e pão, que os bichos voltam
de suas solidões para o teu canto
e vêm pastar nesta planície enorme,

que te vejo na flor, na lã, no cacto,
sentada, interrogando as tuas mãos
e aquário, peixes, câncer... lua e sol,

que não te crio para um sonho raro,
pois és bela, real, mais do que a fábula,
ó dinamene, ó macieira, ó prado!

SONETO DE NATAL

Como esperar que o dia pequenino,
com a mesa, a cama, o copo, as cousas simples,
desate em nossas mãos os lenços cheios
de canções e trigais e ninfas tristes?

Menino já não sou. Como de novo
conversar com os pássaros, os peixes,
invejar o galope dos cavalos
e voltar a sentir os velhos êxtases?

A linguagem dos grãos, do manso pêssego,
a bem-amada ensina e novamente
sinto em mim o odor de esterco e leite

dos currais onde a infância tange as reses,
sorve a manhã e permanece neste
cantor da relva mínima e dos bois.

VIGÍLIA

Quando as lágrimas vêm, em vão fugimos
do que em nós faz o amor, em vão tecemos
vestes para cobrir o corpo nu,
que se nutre do pranto, humilde e humano.
Fazemos nosso leito. A mesa pomos.
O rosto se derrama em nossas mãos.
Queremos repartir a fome e o sono.
Vivemos nossa espera, enquanto, mudos,
fluímos para o encontro e retornamos
à infância, mansa páscoa, frágil vime.
Não mais somos nós mesmos; somos mais
do que nós mesmos ou alguém mais puro,
um sonho de não ser, ah, sendo e amando.

O AMANTE

Logo será tempo de amar e não amar,
amando, não o amor que em nós se faz
como os pêlos das feras, que surgem de seu sangue,
mas o que corta a nossa carne como a chuva
e arde como um sol não recordado
ao relento, de noite, junto à fonte
do orvalho, mas terroso, estupro e cacto.
Febre do céu, o que amar amamos
não é tempo de amar agora, mas
o huno amor, o chão que corrompemos
com boi e grão, este partir em fome.

AS COUSAS SIMPLES

A bicicleta deslizando no mosaico: a pedra,
que o joelho feriu e estância do pranto,
recebe agora os cascos leves
da cabra e do burrico
e o sonho breve
do menino a chorar no velame dos cabelos.

Que peixes como lágrimas, na lata com ferrugem,
trouxeste da cisterna para a areia?
Conhecias a morte ou tinhas esperança
de florescerem o verde, a rosa e a ametista
de suas carnes frágeis? E, hoje, quando choras,
que sonhas, que rebanhos semeias, e se ris,
que riso de pastor em tua face treme
e logo morre?

*Não fui o jardineiro de um quintal sem húmus,
nem trouxe a água nas mãos para o animal ferido.
A corça não cacei, nem as ancas malhadas
das éguas açoitei com um ramo de árvore.*

Cantavas para os bois, junto à cerca e ao riacho,
moías no pilão a farinha e o açúcar
com a castanha tostada e a carne de sol,
roías a solidão, no muro, ao mamoeiro
agarrado, nervoso, a sonhar com pavões.

Falavas de penas vãs à voz dos pássaros
e encostavas a fronte nos regaços
das amas. Embalavam-te canções.

Na tua infância
não houve arados
como os que rasgam
hoje esta carne,
nem as sementes
podres sonhavam
ventos e folhas,
espigas, flor.
Havia as noites
na copa branca,
ouvindo o choro
de um enterrado
pagão, sentindo
o chão mover-se
sob os ladrilhos
da cristaleira
negra, a teu lado.
Vias o pêlo
cobrir teus braços,
sentias, quente,
na mão o bafo,

eras um lobo
cheirando a lua,
ainda que humanos
fossem teus traços.

Então, a rede
vinha, e o embalo.

Que terror sonhar com o enterrado
que tecia o pranto sob o chão e a relva!
Chorava nas noites claras, ai, chorava
um encantado pranto, que essas brisas
levavam ao campo e ao canto das meninas.

Chorava um pranto lunar, de grilos no orvalho,
de frio de lima clara, de parido na terra,
e vinhas à janela, rezar por seu silêncio
e dizer um seu nome, baixinho, sobre a vela.

Podes morrer em paz.
Agora, nem a chuva
poderá o teu sono
ofender, ó tristonho
menino que, enterrado,
choravas por um nome.

Também em ti chora um infante.
Ausculta o teu coração e sentirás o seu pranto,
saudoso da ramaria, do sol e dos muares.

Ah, menino, protege
o teu padrinho triste,

enterrado no chão
de um outro peito, triste

como um boi a mugir
e o focinho de um cão.

Conversávamos,

e a cadeira de vime rangia, enquanto o velho
passava a mão sobre o tempo em seus cabelos.
Havia dunas cruéis, pão e café.
Na praia, abriam as redes para os peixes.

Alguém falou: *Estou cansado,*
e recolheu um tubérculo da terra,
úmido e pobre – podre! – e o devolveu
ao chão amargo e à fome das formigas.

Uma palavra esquecida como um sorvo
de água bebida ou o nitrir de um potro,
talvez *rede*, que forte era o mormaço,
ou *Veneranda*, ou o meu nome, ou mesmo
simples *enfim* que se transforma em adeus:
fez-se a vida suave e o tempo bom,
como a branca toalha, a mão que parte
na caçarola o ovo, e a colher
que toma a sopa e a conduz aos lábios.
Um minuto talvez, o tempo apenas
para passar a mão no pêlo limpo
de um cão enrodilhado, ou de morrer –
alguma cousa ergueu-se ao teu encontro,
asa ou veleiro, cabeça de mulher
que se reclina em teu olhar e deixa
o teu corpo amansar o seu desejo.
O sol abriu no céu um pasto claro
como se parte na mão uma romã.
Sentias o viver em teus cabelos,
em tua boca os dias como um beijo.
Entre éguas, açudes e mormaços,
tombaram o mundo e os deuses nos teus braços.
E um vento lunar, tropel de pássaros,
rasgou-te a face e te lançou, transido,
na varanda do êxtase.

                    E cansavas
os anos, tranqüilo, nos passeios,
sob o abrigo do cair das tardes
com que sonhavas, enquanto – eras criança –
te levavam da chuva para o quarto
e a cama e um cobertor que aquecia
como a carne, um conhaque ou um simples pranto.

      Na janela, olhavas.
      Pombos, céu e cataventos.
      Que sereias ouviste
      em seu azul sem lápides
      e da morte nos campos
      sem ondas e imagens?
      Que sereias ouviste
      na janela, à tarde?
      No entanto, olhavas.

A bicicleta corria no mosaico
do corte no jardim (a jaçanã aflita
saltava atrás dos grilos no capim, na base
da flor humílima).
Enquanto os pés giravam os pedais, violentos,
a leve quilha do sonho empurrava a paisagem
com seus sítios de sombra e as raízes da água.

Cuidavam da cozinha e da sala. Faziam
do leite o queijo e da infância a sozinha
dor de debruçar-se sobre a mágoa da mesa.
E, enquanto o velho falava de seu reino exilado
e a faca trinchava a carne macia como a terra
ou afiava as estacas e o cabo dos ancinhos,
sentias o deserto
ou choravas na rede, desamparado e menino,
os teus natais e essa febre e essa espera terrível
que a morte decepou
como a cabeça de um frango.

Ele não acordou, embora o esperasses
e fizesses da espera o centro de teu sonho.
Hoje, encostas a fronte na cadeira de lona,
como invadido de morte, e choras... choras
como a infância ofendida, com as mãos de antigamente
a sustentar o corpo que se desmorona.

        Com ele colhias mangas,
        ias ver os trens e as aves.
        De súbito, o céu crescia
        e inundava os olhos
        e as tardes.
        Batiam contra os telhados

as ondas de um céu
selvagem.

Vinham pela estrada, mansas
irmãs de asas nas faces,
a criar nas mãos as contas,
jumentos, vacas, cavalos
e carroças de tijolos
rasgando as tranças do solo.
Ele cantava e sonhavas
com tatuagens e faunas
cobrindo as costas e os braços
da estátua de pedra calma.

Querias o verde puro,
o hímen da vida intacto,
o fruto aberto maduro
na sombra agreste do galho,
e não este jogo triste,
em que a morte são os ases,
e estas fontes que devoram
os sonhos de nossa carne.

Ele tomava o teu braço
e fitava o sol,
calado.

Vergavam ao peso do azul,
pois seco era o mês,
as árvores.

Secos também, perdemos o heroísmo
e agora, sentados, chorando a orfandade,
esquecemos as pontes e a beleza dos lagos.
Diante de nós ficaram apenas a areia e as traves
ruídas do celeiro e as montanhas sem árvores.
Somos herdeiros de uma casa decadente,
cuja madeira apodrece, e as malhadas cabras
vêm tosquiar o pouco do capim que ali cresce.

Como afagar tua testa
sem tocar na sua cabeça
antiga e longa, em constante
repouso, ermo e tristeza?

Como aceitar tuas mãos
sem pegar nos dedos magros
que se cruzavam no peito
ou desatavam as amarras
que prendiam os pés das aves
e a ressaca dos cabelos?

Alberto, as mãos de Antônio
não tinham rugas, nem pêlos.

Teus olhos estão nos olhos
do velho, a boca na sua,
aquela mesma inocência,
o mesmo amor pelos trastes,
o mesmo corpo recurvo,
o mesmo queixo de quarto-
crescente, a mesma certeza
do gado a mugir no pasto.

Ah, velho! ah, menino! nasce
de um rosto a carne do outro.

Agora, longe as dunas e as tendas desatadas,
desejaria somente, ao sair da cozinha,
encontrar-te na área, conversando com ele
sobre rosas e navios, gelos, rinocerontes,
sentado em seus joelhos, abrandando os seus cabelos,
ou lascando a lenha para ver os rubros veios
e a dor da madeira.

ALBERTO DA COSTA E SILVA CARDA, FIA, DOBA E TECE

(1962)

RITO DE INICIAÇÃO

§   meu pai dizia as mangas que enverdeçam
    para que o sal lhes dê um novo gosto
    cortava o sol em fatias o sumo o rosto
    sujava de luar de mate ou pouca
    luz que fundeia na sombra da jaqueira

    chegava à carne do fruto à rude juba
    que arma em fera a pele do caroço

§   à margem do curral mergulho aberto
    do tamarindo meu pai dizia fazes
    o desgosto compões cada segredo
    a criciúma os ninhos nos alpendres
    o adeus com flores os ombros dos mendigos
    a sustentar a curva porta os cegos
    a cavalo e os porcos nos açougues

§   o azul é rouco e teu meu pai dizia
    este silêncio de viração furtada
    outras monções com cheiro de goiaba

§   sabor só soturno soterrado
    dá a manga o trotar o alaúde
    meu pai dizia o sol é sal e o solo
    nada cultiva em nós nem a descalça
    morte rastro leve na farinha.

TRISTE VIDA CORPORAL

Se houvesse o eterno instante e a ave
ficasse em cada bater d'asas para sempre,
se cada som de flauta, sussurro de samambaia,
mover, sopro e sombra das menores cousas
não fossem a intuição da morte,
salsa que se parte... Os grilos devorados
não fossem, no riso da relva, a mesma certeza
de que é leve a nossa carne e triste a nossa vida
corporal, faríamos do sonho e do amor
não apenas esta renda serena de espera,
mas um sol sobre dunas e limpo mar, imóvel,
alto, completo, eterno,

                           e não o pranto humano.

A TRAVESSIA DO RIO VOLTA

concentrados e sós num ar de sumaúmas
mandiocais e córregos íamos na balsa
como quem vai para a horta com vão para o coro
meninas que louvassem a alva renda dos den
dezeiros e lavouras cruas de calor

um repouso de cana se a polpa cobrisse
de uma gordura casta essa cachaça triste
que sugamos do coco em outro dia de
lagosta e palavras algumas sobre a morte

mas agora é a magra companhia desse sujo branco
da roupa dos pobres e da lepra corroendo
o encaixe das unhas o joelho e os lábios
mordidos num pranto de pálpebras sem espe
rança de chão sem manta e mãos de amor
para lavar o rosto de quem sozinho e rouco
e míope em nada toca

vamos num chevrolé e as longas pirogas
vão passando por nós e as folhas das mangueiras
e há quase uma recusa de beber o ar sem ser
num respirar de pranto pois tudo perdeu
essa infância sem nádegas e de umbigo herniado
(leve capim que uma boca insaciável rumina) tão pros

trada que se alimenta de um roçar com o rosto a terra
e que num gesto de cego a afinar o violino
me oferece frutas como se as colhesse
como quem recebe.

UM E NENHUM

Dois cavalos pastavam pela encosta,
um mangalarga e o outro cinza amargo,
e cobriam-se à luz de céus e rios,
nas clareiras da tarde transbordada.

A noite as folhas brancas espreitava.
Jaguar de lua e mel, feroz, vigia
a infância que de relho e grito avança
contra os corcéis que pastam seu crepúsculo.

Os meninos que correm, homens caem.
O tempo doma a luz nos igapós
dos dorsos desses potros e os confunde,

como o rosto de um dia noutro dia
soluçado, menor sião disperso,
em um nenhum cavalo sem galope.

UM ARTESÃO

Ergo a cadeira do vinho deste vime:
ar que se par-
te: sopro quebradiço:
passadiço entre a xícara e a boca:
gomo aéreo e amarelo
        com que teço
respaldos de ventarolas e modinhas.

Marceneiro de um luar – de pára-quedas
aberto sobre um beijo fome e fonte:
de um balanço de chifres zebuínos –
tranço e refaço o ser em que represo
cada mês, o formão pra que nasci
e as visões que os lábios vão compondo
num assobio   A vindima dos vimeiros
se faz nas minhas mãos, que cortam e atam
as varas frágeis como os aicibergues
da tangerina aberta.
                    e enovelo
o-meiOdia-a-tarde-a-madrugada
para amanhar a brisa vegetal
que mana do bambu desta cadeira
para formar a carne que me lança

num salto sem instante nem distância
sobre um jardim em que eu era nu e voz
sobre o romper descomunal da noite em dia:
despenhadeiros: cúmulos de penhas
de um verde-roxo úmido de bostas
partidas, de cavalo, sobre a areia.

```
      o o o   o
       o         o
    o  r r r r    o
   o            o
   o r i i i i r  o
    o         o
    o r i   i r   o
    o r i g i r   o
                i r  o
    o         o
    o r i i i r   o
     o         o
      o r r r r  o
       o       o
        o o o o o
```

HOJE: GAIOLA SEM PAISAGEM

Nada quis ser, senão menino. Por dentro e por fora, menino. Por isso, venho de minha vida adulta como quem esfregasse na pureza e na graça o pano sujo dos atos nem sequer vazios, apenas mesquinhos e com frutos sem rumo.
Como se escovar os dentes fosse montar num cavalo e levá-lo a beber água ao riacho! Como se importasse à causa humana ler os jornais do dia!
Era melhor, talvez, ficar olhando, completo, perfeito, os calangos a tomar sol no muro, sem trair o silêncio, sentindo o dia, para conhecer o mundo, para saber que estou vivo.
Se não se têm esses olhos de infantil verdade, todas as cousas nos enganam, tornam-se as palavras sem carne com que construímos a árida abstração que é o curral dos adultos.
Depois dos quinze anos, quase nada aprendemos: a dar laço em gravatas, por exemplo.

LIVRO DE LINHAGEM
(1966)

1. PAISAGEM DE AMARANTE

Mas da lã fina e seda diferente...
Camões, Os Lusíadas, Canto IX, LXVIII.

E fomos para onde a relva era ainda de um verde
acastanhado e havia babaçus e um regato
magro como os bois que levávamos,
                                              onde
o florido algodão depois plantamos.
    Ela vinha,
e não usava bandós, nem tranças de sereia
dessas gravuras de mau talho,
que recebemos de longe,
de Lisboa talvez. Também não tinha
a blusa de unicórnios e de heráldicas feras,
nem rosas e corações no vermelho do linho.
    Trazia um pássaro inventado
no lábio inferior.
    Sem saias e anáguas,
pintada de vermelho e jenipapo,
andava como a nhambuzinha,
apressada e sensível.

        Sofreei o cavalo.
O céu rumo ao sol,
na tarde perseguida pelo tempo da ceia,
da gaita e dos lençóis.
      Pôs-se a correr.

Viu-me! – bradei, e os companheiros,
com os laços derramados
no vento do galope,
fugimos atrás dela.
        Arataiá!
                Oh! assim nunca
o breve tempo surja de tua formosura!
    Volveu o rosto,
"banhada, em riso e alegria",
alagada de lua,
do vinho da claridade.

      E, hoje, nesta casa de Amarante,
senta-se à janela, na aragem do sol,
convive com os bilros,
borda, de olhar melancólico,
flores domesticadas
e paisagens com bois
        (o mel ao sol desses dorsos curraleiros,
        a azulega noite estrelada, as hastes sossegadas
        do capim alto que vamos apartando
        no rumo das águas, os buritis, os pássaros
        da beira-rio, as vacas amojadas,
        a boiada de que fui velame ou quilha,

berrame à boca, ouvindo, misturados,
mugido e aboio).

Eu lacei-a, parada,
o odor de pequi, a terra ganha.

Em nossa volta, o capim ensolarado.
O P i a u h y.
      O plenilúnio das garças.
Este cantar de bugres
para o seu ventre: Ó *mulher feliz,*
quem fez em ti filho bonito como o sol,
cheiroso como a flor?

   Daridari,
nua,
na garupa do cavalo.
Levava um corpo de quem espero a alma.

  E hoje, nesta casa de Amarante,
cata-me os piolhos do cabelo e da barba,
trinca as lêndeas nos dentes,
enquanto deito a cabeça no seu púbis depilado.
Fala aos meninos, que saltam
das pranchas para o rio,

sobre a ordem de viver numa casa desleixada,
sobre a ordem de seu coração dividido
entre a maloca dos solteiros
e a rede para onde a trouxe, por amor e por caça,
e onde, hoje,
cantarola baixinho:

> *Kunhã nty*
> *osasy uá! auá taá*
> *omunhã ndé resé memby ipuranga*
> *Uarasy iaué, sakuéba putyra iaué?*

Fui eu.

2. DIÁLOGO EM SOBRAL

– Como era o odor dos rosmaninhos?
– De alimpo mato, talvez.
    – Do lagar e das pipas
de vinho nos malhaes.
        – De broa e caldo grosso.
– Das tulhas para o milho.
            – Ou do Minho.
– Talvez do aconchego da fuligem,
na casa negra de luz e cerco ardente
do frio, onde esperávamos.
                – Talvez
da cama limpa, onde fomos gente.

– Eu cavei e podei, de rosto baixo
como o burro ou o boi, só mais faminto,
cheio de frio chuvoso, a rastros, todo
banhado em terra
e em urina podre.
– O funcho, a mangerona, a erva-doce,
que chamamos de anis, quase os esqueço,
esses nomes e as hastes de onde vinham,
perto da breve janela.
            – Ai, não me esquece:
abria o dia com estas mãos que vês

tão marcadas do chão e da madeira
que lascava no eido.
  – O boi, então,
só faltava comer na nossa mesa.

– Ao borralho, as castanhas tu assavas...
– O vento, o lume ou um madrugar no ventre
fez-me indagar (a tua mão suspensa
sobre o vaso de água-pé), o riso em mágoa:
"E os miúdos, se vêm?"
  – E, assim, largamo-nos
para o Porto, rumo ao mar. Velas, o medo,
o enjôo e o galope vagaroso
de um céu que clareava.
  – "Não temas, ó Maria"
(ou por Ana me chamavam?),
disseste, "não te ponhas pequenina".
– Não te falei na morte. Só pensava
na tijela do caldo, onde boiavam
a couve,
o calor
e a batata.

– Neste país sem orvalho, os nossos pés
rasgamos ainda mais no solo quente.

– Passamos fome.
    gado e terras.
                – Roubamos
                – Crucificamos
    escravos,
                e por isso nos lembram.

– Vi, uma vez, o talco azulado das garças.
O arco das avoantes. O curimatã nadando.
– Tonto de passarinhagem e mormaço, o menino,
enquanto o cego de pedir, a quem guiava, a farinha
comia à sombra, o menino
cheio de aves nos olhos.
"Dou-lhes comida e cavalo, venham comigo!
                      Venham!"
– E saímos a galope
                      – como os reis antigos,
a falconear os bezerros e as vacas prenhas,
com poetas e jograis, a rabeca na sela
do cego, e os jagunços de cabelos em cachos.
    – Lembro-me bem do menino
        que, rapazola, sangraram.

(Haverá talvez um neto, ou um bisneto,
que não pense em mim a fazer rendas,

mas a cavalo, ao peito as cartucheiras
e o rifle na mão, com que atirava
sem apoiá-lo ao ombro e a galope.
Este verá, na herança da lepra,
do rim corrompido e da tísica,
da prisão, da viagem e do querer amoroso,
que, atrás deste rosto corado e sem rugas,
deste olhar azul e destes seios gordos,
sonhei o latifúndio, o espaço, o amplo céu
que vim também fundar no outro lado da terra,
longe do que antes amei,

o melro, a canafístula, a tília, os casalinhos,
o verde gaio, o Ausente.)

3. A BEM-AMADA

Vem, na garupa deste burro em chouto,
um fraco deus, impaludado e sóbrio.
Cospe no barro,
no entanguido ventre que alimenta
os bezerros e os ermos
de um ralo capim, de alguma espiga.
Um escasso escarro
com o barro de um peito.

E, na saliva,
o caroá cardado de um sabor
de murici. O sol sobre as orelhas
do burro, vem num golfo balouçante
de cactos, canários e poeira,
assim, com a boca seca de rezar
e de aboiar, vaqueiro de si mesmo.

Rédeas? De corda. E por espora
o calcanhar que terra e pedras ara,
viúvo de alpercata, mais lanhado
do que o lombo curtido por cangalhas
do burro em chouto, com ilhais sangrados.

Traz nos dois cestos talvez
mangas, cajus ou aves amarradas,

peles de cabra, leitões, azeite ou raro
galho de roseira. Algum borrego
que criasse, pastor, na própria enxerga?
Manadas de riachos que abrigasse
de um vento seco, ocre e carregado
de sol como a urina dos cavalos?

Na garupa do burro, como se ofendesse
ao seu destino parco
ir sentado na palha.
Entre dias e dias, eriçados, ferozes
qual o olhar de um sanhaço,
traz um pouco nas cestas
do que canta por dentro
da limpa solidão. De um chão sem pastagens
foi-se, carregando os sonhos dos regatos,
e os saltos sobre o verde,
e a caça aos lagartos,
e o que desejaram
os seus magros joelhos.

Não se morre, se morto
já nos demos por dentro.
      Sobe no jumento
(como ele, no osso

e com moscas no berne),
a corda na cintura como se fora ao pescoço,
a coceira dos bichos-de-pé como a lenta
floração de asas
em galinha cativa.

Repousa em hospedarias,
entre o crupe e o cheiro
de porcos e de podre cestaria de pobres,
impaludado e espremido entre gente sem dentes,
que lava na gamela o tracoma dos olhos.
Mas, deus que se exila,
leva a brisa ao Egito,
nos punhos da rede.

Vai olhar, nos jacás, a sua carga
apoiada em samarras.
A fome na garganta,
volta à rede, enquanto, no compasso
dos cascos (vai no burro novamente),
como um cego às avessas, faz recentes
inverno e açude. Galinhas cacarejam
distante, mas agora vão com ele,
como os dedos morenos que cortavam
os renovos das árvores.

                    Com ele,
dela o rosto moreno
sobre o branco tecido, contra o branco
céu que reflete o barro, no poente.
        Com ele,
um dia de chuva e um outro dia
embaralhados com os naipes do presente
– as flores sobre a rede; as mãos nas mãos,
os dentes trincam a cana, os dois na rede;
a solidão, o passeio, as goiabeiras.
Com ele, o anoitecer: a mão na mão,
entre flores, como dentro de roseira.

        Babaçuais!
                  A água brota,
                          [inconsolável.
Segura firme a forquilha das cangalhas.
Vê as ondas de arroz que entrarão pelas portas,
os corpos lavados, a exasperada imagem
da jovem mãe que recua n'água. Chora
e vê
o gado.

Assim chega a Pastos Bons, Colinas ou Berlengas,
o neto de quilombolas, preados e labregos,

para erguer sua tenda, um mocambo mais magro,
de pau-a-pique e barro.
Descarrega as cangalhas,
esquecido da morte e dos jardins degolados
que a cercam, ferozes.
Abre os dois balaios
e deles, num retorno,
retira os dois meninos.

    País meu
    meu pai
    meu par
    meu parco alforje
baixinho canta
    de dias e varandas.
    os tinguás pousarão
    nos altos mamoeiros,
    e virão vacas lerdas
    e cabras. Há moscas sobre as merdas
que cheiram a capim, a mugido e a enfeites
de bandeirinhas,
a macaxeira assada, beiju grosso
e beijo

                eternamente.

4. UM SOBRADO, EM VIÇOSA

Rente à terra, o meu céu,
qual rês ajoelhada,
menino a vigiar, de bruços, a arapuca
e as aves que alçam vôo das crinas dos cavalos,
mão que toca outra mão,
ou muro esfarinhado
que desce com o calangro e onde o sol
faz abrir a plumagem.

>*(Fui menino demais e sofri como os outros,*
>*os que levam, descalços, seus burricos com água,*
>*pouca esperança, farinha, rapadura e a tarde,*
>*com tudo o que volta*
>*– os bezerros,*
>*os focinhos molhados dos bois*
>*e os lacrimosos carneiros.)*

O meu azul não se despenca no alto:
é feito de ramagens.
Foi sempre a sombra, no ar, desta chapada
vista de longe, no longe das boiadas,
e onde colho anualmente o solo,
para gastar de mim o meu branco excessivo
– cabelos, barbas, terno
de linho ou caroá e este sorriso

que entrançou as rugas no menino,
pois foi-me a vida
sempre a carne no amor.

Nos meus olhos, o feno de outros olhos
– do meu avô, já quase centenário,
a vacilar no arnês, a olhar os rebanhos
e aquele ano, em Camocim: canaviais
brancos, qual lembranças de moinhos,
casas à beira-mar, leves, de onde
a brisa poda o sol. Assim, na sombra,
em que ela esconde a carne noiva e alma,
a rede lava o calor, no embalo das varandas:
gaiola que contém jardins (são aves),
cesto que deixasse ver, além das vergas,
braçadas de cravos, o poente das mangas,
o jenipapo, terra
à espera que a plantem.

*(Ainda sei chorar pelas éguas sem parto
e volto, pelas tardes, de lavar os cavalos,
vejo a carne estrelada dos avós, em seu claro
exílio da linguagem, as finas lãs do gado
e a pênsil vacaria, onde o clarão dos pássaros*

– chamado madrugada –
me acolhe em seus joelhos.)

Naquele ano, em Camocim. Junto à areia molhada,
os meninos mariscam.
Ela salta na praia, roseirais nos joelhos,
sobe a serrania e, ao descer do cavalo,
inunda, além do verde da horta e das jaqueiras,
a casa,
    o sobradão,
com o forno, a tina e a bulhenta capoeira,
onde eu a vi, velhinha,
enluarada ao sol,
escama e vaga,
como se murmurasse: *Vê, não é*
a morte alegre?

Abre o meu avô a grande arca,
vinda também de Rouen, onde a família
caça, sustenta a mão rendada,
cria espaços e galgos.
De seu pequeno pedir, desses vinhedos,
memória e pensamento do que passa,
os seus olhos, que dormem no desterro,
refazem a luz de anil, a rede jovem

com potros sem arreios – ai! pobreza
da fala na celagem que se fecha.

(O que esperamos ver passar, destas sacadas,
quase sem desejar a eternidade,
vai-se fazendo em nós, cada vez mais,
ausência de suspiro e pranto, ausência
de noite, no convívio
do olhar com a claridade.
O tempo é bom e o céu, apenas isto:
o que roçamos com o corpo
e floresce nas aves.
Que importa o eterno às crinas dos cavalos
e aos seus cascos?)

SONETOS RURAIS

1

Se gira o céu na lã de cada ovelha,
desponta o chão na mesa e os galhos cobrem
o marinho sonhar da rude tábua
onde os braços repouso, enquanto vejo,

nos laivos da madeira, húmus, aves,
a chuva, o sol e um eco retardado
de um amando viver, sem mais resguardo
do que passar as mãos nas sobrancelhas

contra o osso de um rosto fatigado
de ser longo e vincado por um sonho,
em que um dia voltava ao outro dia,

num mover de sanhaços regressados
aos ramos que a memória desta mesa
vai abrindo no espaço.

       Serenava.

2

Ao ar devolvo o céu, num assobio,
e o céu de mim, cantando noutro chão,
que também dói, arado a cada ofego,
regressa a outro corpo constelado

de cornos oscilantes e de gruas,
de remos, de folhagens e alimárias,
velas de cafunés, carnaubais
e jaqueiras navais em seus luares.

Regressa o céu ao céu, já transformado
no vôo dos meus olhos, ramo e aragem
conservados num gomo de bambu,

e à querência devolvo o dia todo,
que, respirado em pranto ou salto claro,
é sede, agora, eqüestre rogo e amor.

3

As mãos do pobre e a forma da lagosta
vendo, chorei. Meu corpo, feito adeus,
era só, machucado pé no esterco,
pesava sobre mim toda a beleza.

Havia um cesto e nele alguém botava
as cabeças cortadas dos borregos.
Aprendi a cantar acompanhado
de impaludismo, sede e fezes verdes.

Na madrugada, a fome dos bezerros.
As mãos passava em torno das bicheiras,
quando vi, na celagem das campinas,

erguido em dor, dourado mar barroco,
sol e sombra lavrando um cão sarnoso
e um porco morto com o céu por cima.

4

Respiro e vejo. A noite e cada sol
vão rompendo de mim a todo o instante,
tarde e manhã que são tecido tempo,
chuva e colheita. O céu, repouso e vento.

Vergel de aves. Vou entre viveiros,
a caçar com o olhar, passarinhagem
dos pequeninos sóis e das estrelas
que emigram neste céu de goiabeiras.

Mas sigo a jardinagem, podo o tempo,
o desgosto do espaço, a sombra e o fogo,
as florações da luz e da cegueira.

E, no dia, suspensa cachoeira,
neste jogo sagrado, vivo e vejo
o que veio em meus olhos desenhado.

5

Ordenha, ferra, encerro: o humilde cerco
dos seres e das cousas vou fazendo,
e a riqueza do mundo, a fauna, os ventos
na minha curta pele vou cosendo,

ilhéu neste morrer, jamais morrendo
nos momentos que colho e que rejeito,
centauro desta carne e de outra, ausente,
que o verdor do passado vai vivendo.

O esperar para o amor, roçando a morte
em lençóis, massapês, tucuns de redes,
volta, agora, lunar, eternamente.

O instante de que amar o que deixava
partir fez mais amor, fiel, consente
em ser soma de tudo, amor sem gente.

ns da Mão*

AS LINHAS DA MÃO
(1978)

O POETA, AO POETA

E tinha de ser eu,
um ser ausente a tudo,

um enviado da terra,
reduzido a cansaço,

quem apenas diria
o que fora ditado,

posto só no escuro,
pelo céu ou o acaso.

Entre a sombra e o lume
de seu tempo desfeito,

voltaria de mim
para a espera, que anulo,

deste deus que não fui
no menino, que, preso

nos seus gestos de então,
recompõe no mais puro

exílio, toda a febre,
a carne que lhe deram,

a palavras e o choro,
as sobras do infinito,

o seu sonho partido
entre o dormir e o medo.

Eram belas as vozes
de que fui o segredo

e que ouvi, longe em mim,
a contar-me o que cedo

ao órfão, ao desditoso,
ao coberto de fezes

– alguém que vai profundo,
sendo êxtase e beijo,

no corpo que me serve,
e me vê no que vejo.

AS LINHAS DA MÃO

1

Deste canto de treva, esperas, surdo,
enquanto o céu corrói teu corpo escasso.
E sentes de ti mesmo o ofego gasto
pelo escoar do dia, o jogo amargo
de voltar das manhãs cheio de escuro.

Deste lado solar, desprezas, mudo,
o que sabes virá porque marcado
na morte que vais sendo, o sonho alçado
ao espaço que passa, este amor breve,
pois é feito de tempo e o tempo cede.

Eis tuas mãos. As suas linhas, cego,
o solitário sol, o rio vazio,
o saibro sob os pés, o choro inútil
e tudo o que feriste nos descrevem,
num rogo de beleza, sujo e puro.

Do centro crepuscular, dali tens tudo.

2

Vinha a tristeza.
Como a velha, ao mormaço, lenta, vinha,
a carregar o feixe de gravetos.
Como o velho, o lenço sobre o rosto,
a cobrir o cancro do nariz.
Como usados sapatos. E os cavalos,
na manjedoura, a sacudir as moscas.
Como a passagem da sombra sobre a relva,
o epitáfio do verde. Como o instante
em que a tristeza
vem.
Tua, a espera que flui. Longe de ti,
o céu inseparável da viagem.
E aqui, o estar cortado,
o deixar escorrer do corpo adeuses.
    (No menino, ao portão,
    as sombras ardem
    de sol e enxaqueca.)

As árvores floriam. As avencas
insinuavam a morte.
                    A tristeza
vinha de ti, da face que, estrangeira,
trazes no rosto, tensa e adulta, alheia

ao que fugia
para trás, para a ausência, para os campos
em que sonhavas o belo acompanhar,
na madrugada, os bois ao bebedouro.

    Soubesse ser, assim, a espera
do que podia ser a vida, a trégua
com a impaciência do céu, um lento arrasto
das redes sobre a praia – e não terias
da mesma forma senão os peixes mortos,
o sentimento de estar só nas veias?
Mas, talvez, de súbito, viesse
não a tristeza como a velha, lenta,
a carregar o feixe de gravetos,
mas o acender, na tarde, dos espaços,
como se o mar chegasse em ondas altas
e te banhasse a carne do mais íntimo
do negrume do assombro...
    Precisavas de mim,
    que te sonhando,
    menino pouco, só, de dor puído,
    empurro o tempo
    para junto de ti.
    Pois necessito
    de ti e do teu sono.

    O sono limpa.

3

Mas fui feliz.
Puseram a mão nesta mão.
Não me apagaram o choro da orfandade,
mas fui feliz.

Nada pedi
– o som da bica ouço,
o mesmo que irá comigo à morte
e esteve sempre no meu dia antigo,
e sabe o que eu queria –
mas fui feliz.

Fui pranto de outros olhos.
Fui feliz.

Senti o afago
entre o peito e a pele da camisa.
Fui feliz.

4

E, no entanto, lá dentro, falam baixo
os dois que me sonharam e me sofreram.
Da humildade do amor pouco tiveram,
o seco pão, os céus contra os seus corpos.

As mãos de minha mãe sobre a tristeza
a se aquecerem sempre. O pai, sozinho.
Sobre nós, a ramagem do degredo.

(Vou à janela, ler este papel
e a luz o toma como sobre a relva
resvala a madrugada.
As sombras de palavras nele postas
correm de mim, sou eu
de volta a casa.

Assim, como se os dias nos marcassem
os disfarces do corpo
com o que em nós não se esgota
na passagem,
a mão parada quase sobre a anca
do burro do aguadeiro,
a mão parada quase sobre o cinza
dos cabelos do velho,

a mão parada quase sobre as frutas
espalhadas na mesa,
assim os tenho,
entre o jardim e o quintal,
rosais e mamoeiros,
os dois tão perto
do adeus e do eterno.)

Ao menino que fui tudo foi pago,
no infinito que nele dissolveram,
mas, sendo a vida avara, de meus deuses
a roupagem despiram, que me deram.

O círculo do mundo passa em mim,
mas o centro de dor e treva é deles.

Nos confins do escuro, sou os dois.

SONETO 1

Vou de mim como o céu, sozinho, à frente
das nuvens e das aves. Sopro e arrasto,
sou um chão sem verdor, assim achado
no mundo, por pequeno e por exausto.

Pelas tardes, reponho o sossegado
estar no espaço de entre a carne e a alma,
como, a chorar, se vê terrestre e amado
quem trança a solidão, a voz e o abraço.

Vou de mim como um céu cingido à terra
dos bichos e das árvores, completo,
fome e fastio sobre um sonho aberto,

pois, do mundo não mais metades cegas,
amantes, riso e dor em vão se apartam
e o que sonho se faz no que vem perto.

SONETO 2

Alto me sonho, mas sou apenas homem:
alguns dias, a infância desterrada
em outro ser (e o ar que as mãos agarram
se vai movendo em nós, respiro fraco

com que me gasto, calmo, rês, mudado
no tempo em que me faço e me desfaço,
humilde, cego, em lágrimas sangrado,
passagem de luar, bicho deserto)

que sente, alguma vez, a despenhar-se
o espaço nas coisas, grande, alado,
ou sobre mim, em mim, no ser atado

à vida, à terra, a este adeus cortado,
e vê o mundo a reerguer-se, aberto,
no refino da espera e de um abraço.

A RICARDO REIS, NO MAR DA GALILÉIA

Só dizem os deuses o que logo esquecem,
mas o jogo do céu é amplo e reto,
e cada lance é um coração aberto:

nele não dorme o que fez desperto,
o eterno é agora e em si mesmo morre,
nunca houve rumo e todo sempre é incerto.

– Não creio, e rezo.

SONETO

Vínhamos de ontem como quem da sorte,
embora finda a vaza, não se olvida
e a quer de novo, quando novas cartas
tem entre as mãos, como nos têm os dias.

Os naipes jogo sobre a mesa. Espero
que cada lance nunca se repita,
mas possa ver o céu que amanhecia
outrora, no que vai surgir da noite

aberta inteira sobre o verde. E quero
que seja agora meu o haver passado
como as tardes se foram, mal as somos.

Incerto, ganho. Pois em nós o tempo
refaz de claridade o que perdemos
e repõe no universo o que foi sonho.

POEMA DE ANIVERSÁRIO

Foge o homem para o centro do deus que o persegue
e risca na própria pele a beleza da morte,
o provado desenho de uma infância, estas formas
que a minúcia do olhar recompõe na cegueira.

Já não sente os cavalos, nem recorda o que cerca
a sozinha indolência que revê no destino
de estar, rosto na relva, eterno e antigo, vindo
do sol sobre as clareiras para a limpa tristeza.

Segue os céus que repartem, entre o certo e o difuso,
o sonhar exilado do que breve lhe fica,
do que traz sobre os ombros, como achas, a vida,
só instante e distância, pobre húmus sem uso.

E joga o ser chorado e o que foi (recolhido
na sobra do menino que lhe fala ao ouvido)
sobre o colo e o abandono do deus que flui, calado,
entre muros de cinza, solidão e cansaço.

O MENINO A CAVALO

1

Na lua do selim, as mãos. As rédeas
a sofrear a passagem do momento
em que, por pasto e barro, tenho à frente
o monjolo do tempo.
                    Olho o presente
de novo, agora, o corpo transpassado
pelo peso das coisas que me tornam
no dolorido espaço em que renascem.

Nada se muda ao céu desta paisagem.
Gado, menino, cactos, folhagem
nem mais são ontem, nem o fui, nem sou
o que hoje sinto e amo, guardo e choro.

Jamais me achei depois. Foi minha ausência
o que salta no estribo, monta e parte.

E o potro pisa a marca de seus cascos.

2

Vamos de rédeas soltas nos cavalos mansinhos.
Atrás de nós, sacodem as cangalhas ofuscados jumentos
pela limpa brancura do sol sobre as folhas barrentas.
E, no ar, existem restos de azul
(suave como o ventre dos peixes)
e a essência das hastes
das palmeiras e das árvores,
em linhas de verde-claro afinadas pela luz.

Trazemos água de um rio
que corre, rente, abaixo
da areia fofa e úmida,
       e que aflora
mal cavamos com a mão
a lã que o disfarça.

Ali estivemos, a senti-lo fluir,
com o rosto junto à terra,
a receber, de um lado, um frescor de moringa,
o seu cheiro de sombra e vime de gaiola,
e do outro,
    o ardor do sol,
olhar de pássaro cativo,

mãos sobre a lenha que se vai rachar, ou sobre a corda
com que se puxa o bezerro para a curta distância
que o separa do ubre, que lhe amarra a infância
ao engano da vaca
                – da rês que o lambe,
                como se fosse a vida.

Não pensamos na vida. Nem sabemos
que a conduzimos conosco,
nas mansas alimárias e nas pipas com água,
nas palhas que protegem os dorsos dos burricos,
nos dentes longos dos cavalos,
no olhar que, à distância,
vai recompondo bois, azulões, o nariz a escorrer de
                            [uma menina descalça,
a cortante conversa entre a sombra e o sol,
entre a cova e o deserto,
e que se vai fazendo,
também em nós,
no íntimo das formas,
o breve desenho infinitamente repetido,
que vamos nos corredores que descem,
no Vale dos Reis,
para a sala cerrada como um poço extinto,

como um estômago,
como o centro de um abacate sem semente,
onde se abre a noite de um céu com todas as estrelas,
um céu fechado, um céu
mais verdadeiro do que este
que vemos desde o nascimento,
porque feito com a mão humana, triste e solitária,
no verdadeiro escuro,
com o que talvez convivamos
na morte – o céu de nossas pálpebras.

E alguém canta.
E vamos!
E alguém lança
bagos de carrapateira contra a anca do cavalo
que segue à sua frente.
E um outro recorda o ano que vem, com a mesma cena,
e nos convida a armar as arapucas:
                    Vamos pegar canários!
E há acenos de mãos a segurar rebenques,
talos de carnaúba e pedaços de corda.
E fingidos aboios. E risos. Inesperados galopes.
(Trazemos água de um rio que corre, rente, abaixo
da areia fofa e úmida.)

Vão alegres de luz, meninos a cavalo,
que nem notam a beleza sonolenta do barro e dos
[jumentos.
E alguém canta. E todos riem.
E alguém aponta, ao longe, o verdor de um açude.

Mas eu,
que já sabia chorar para dentro e que sentia
roçar na minha pele, incessante, o sofrimento,
a estranha orfandade de estar vivo
e de ir a cavalo trazer água,
voltando
de algo que findara e que se fora em viagem,
como os passarinhos que vi morrer,
como as reses destripadas,
como as palavras que falamos cada vez mais baixo
e que se transformam
neste silêncio das mãos que apertamos
sobre os nossos joelhos,
eu

eu ali continuo,
de rédeas soltas, no cavalo mansinho,
a olhar para mim.

3

A mão de meu pai sobre o papel desenha,
quase num só traço, o menino a cavalo.

Sai de sua mão a mão com que lhe aceno,
e vai sobre o papel o menino a cavalo.

Choro sobre o colo do triste, e órfão, e cego,
para tudo o que atado estava à vida, vivo,

mas sem sonho e sem carne, a falar-me sem nexo
sobre um céu e um sol de que foi desterrado,

mas que punha ao redor do menino a cavalo.

O rosto longo e só, rasgado pelas rugas,
o olhar a rever o que perpétuo tinha,

e que nunca me disse, em seu pensar cortado
do dia em que vivia (no seu convívio raro

com a cadeira de braços, o pijama, os seus pássaros,
a cinza e a rotina de estar morto, acordado),

no papel ele unia a mão que desenhava
à mão com que acenava ao menino a cavalo,

neste adeus em que estou, desde então, ao seu lado,
o menino que volta, a chorar, a cavalo.

A VERA, EM FRÓMISTA

Dizer jamais de nós
senão o certo:
o céu,
e o campo aberto.

FRAGMENTO DE HERÁCLITO

Todos os dias são iguais – o grego
e o menino que fui
sempre o souberam.

Ele o pensava; eu o vivia,
amargo.

        O sol
cegava, nos telhados.
Mas o menino de ontem, hoje,
cantava.

A DESPEDIDA DA MORTE

Falo de mim porque bem sei que a vida
lava o meu rosto com o suor dos outros,
que também sou, pois sou tudo o que posto

ao meu redor se cala, e é pedra, ou, água,
cicia apenas: – O teu tempo é a trava
que te impede de ter a calma clara

do chão de lajes que o sol recobre,
este esperar por tudo que não corre,
nem pára e nem se apressa, e é só estado,

e nem sequer murmura: – O que te trazem
é o riso e o lamento, o ser amado
e o roçar cada dia a tua morte,

que não repõe em ti o, sem passado,
ficar no teu escuro, pois herdaste
e legas um sussurro, um som de passos,

uma sombra, um olhar sobre a paisagem,
memória, cálcio, húmus, eis que o mundo
nada rejeita, sendo pobre e triste

no esplendor que nos dá. A madrugada.

PRECE DE 23 DE NOVEMBRO

Meu pai, que estás no céu,
no céu que vejo,
neste céu que respiro e que me veste
(e não naquele de derrota feito,
em que o eterno disfarça o sonho breve),

repara em mim,
em mim, que me envelhece
a tua falta
(a tua falta cresce
e desfaz o rancor desta certeza:
mesmo na morte o corpo dói), protege

o homem que fizeste e que, menino,
se agacha junto à quina das paredes,
o queixo nos joelhos,
o olhar cego
a outro tempo que não seja ainda
imóvel, puro, certo,
como tu,
como tu, que estou sendo
na carne que, em mim,
é teu degredo.

SONETO

Uma ausência de mim por mim se afirma.
E, partindo de mim, na sombra sobre
o chão que não foi meu, na relva simples
o outro ser que sonhei se deita e cisma.

Sonhei-o ou me sonhei? Sonhou-me o outro
– e o mundo a circundar-me, o ar, as flores,
os bichos sob o sol, a chuva e tudo –
ou foi o sonho dos demais que sonho?

A epiderme da vida me vestiu,
ou breve imaginar de um ócio inútil
ergueu da sombra a minha carne, ou sou

um casulo de tempo, o centro e o sopro
da cisma do outro ser que de mim fala
e que, sonhando o mundo, em mim se acaba.

SOBRE MEU TÚMULO

Aqui estou enterrado. Jamais quis morrer longe da casa. Mas sofri muitos anos exílios simultâneos. Gastei-me em outras terras. Fui de mim uma sombra emigrada. Rogo um sonho.

A ROUPA NO ESTENDAL, O MURO, OS POMBOS

(1981)

SONETO A VERA

Estavas sempre aqui, nesta paisagem.
E nela permaneces, neste assombro
do tempo que só é o que já fomos,
um céu parado sobre o mar do instante.

Vives subitamente em despedida,
calma de sonhos, simples visitante
daquilo que te cerca e do que fica
imóvel no que é breve, pouco e humano.

As regatas ao sol vêm da penumbra
onde abria as janelas. E de então,
vou ao campo de trevo, à tua espera.

O que passa persiste no que tenho:
a roupa no estendal, o muro, os pombos,
tudo é eterno quando nós o vemos.

IMITAÇÃO DE BOTTICELLI

Como a luz numa caixa de laranjas
ou a chuva sobre a mesa de verduras no
                      mercado,
desce a manhã neste jardim, descalça,

e as flores que traz, na involuntária beleza,
parecem, contra seu corpo de verão
                      enfunado,
musgo, limo, ferrugem, as feridas que os
                      pássaros

abrem na casca lisa e perfeita de um fruto.

A VIAGEM DOS REIS

À Antônio Carlos Villaça

– Conheço o verde e as águas, as narinas
frementes dos coelhos, os caminhos
ladeados de flores, e as formas
do arco e da espora. Vi parirem
as vacas e as mulheres. Pressenti
as grandes tempestades de poeira.
Sei como respira o mundo. Sei de mim.
Ando atrás de uma espera.

(Dos caminhos, vinham os reis. Alguns tão
                              pobres
que andavam nus, toucados de plumagens.
Alguns vestiam a pele da pantera.
Alguns, a seda. Alguns, a musselina.
Andavam a pé, e descalços. Ou montavam
cavalos e camelos.

E traziam
o ouro em pó,
o ovo da avestruz,
o couro do lagarto,
um crânio tatuado, tantas caixas
de cobre e laca,
e a feroz esperança,
como dádivas.)

– Não houve entrega. As mãos
se empobreceram.
(No alto da gruta, a estrela ainda parava.
Um boi se ausentava, ruminando.
Havia ainda brasas, quando soprada a cinza.)
– Faltou-nos meia hora, ou pouco mais:
                    o tempo
de arrear um burrico, ou muito menos.

Éramos todos, mas jamais chegamos.
Pois nos foi poupado
ver o Menino.

LA PLUS PETITE

O corpo deito sobre o solo e espero
o sereno chamado.

O silêncio veleja. Das gavinhas
brota, de regresso, o esquecimento.

Mas, refeitos em ar, em água e em terra,
de nós persistirão sonho e tristeza.

A UM FILHO QUE FEZ DEZOITO ANOS

•

Antônio,
os deuses pintam borboletas,
mas nós sabemos como
nos homens sonham
e sangram.

Existe o rio.
Existe o campo. Existem
papoulas e um céu que era cedo.
Existem o não, e a páscoa, e a noite obesa,
e o ócio furioso. O iluminado
gosto de febre e de ferida existe.
Existem o eterno e a sombra
de um céu fosco e deserto
sobre o quando o esquecemos.

Existem
veleiros e sonâmbulos, o dia,
as escamas do peixe, a alegria.
Existem a solidão – mergulho e assombro –
e o sonhares contigo.
A dor existe.

••

Antônio,
ensina-me a não ter medo
de caminhar acordado,
e a receber o açoite do êxtase.

Devolve-me o espanto
diante da iniqüidade
e do rugir da fera.

Repõe em mim a força
de resistir à fadiga
de tanto céu e abismo.

Perdoa-me a tristeza,
como se fosses meu pai,
e não meu filho.
                  Usciamo
a riveder le stelle.

• • •

Como um parceiro, Antônio, num segredo,
assim o corpo se vai vestindo de amor.
Assim o corpo se deita na tristeza.
Assim o tempo recolhe as flores, às braçadas.

Tudo é silêncio, pelo avesso. A vida
é uma velha cansada. A vida encobre
o sol.
         Sempre foi pobre
a mão que traça este risco no dia,
este risco no escuro,
incompreensível e inútil
como levar um boi para pastar na praia.

(Mas os dedos da velha movem os bilros
                   e a luz voa.)

SONETO DO CAFUNÉ

As mãos são como a chuva. Desenrolam
a rede do armador e a estendem, barco
no remanso do quarto. As mãos convocam
o que há, no verão, de sonolência.

As mãos repartem, leves, os cabelos.
O alado cafuné azula a serra,
afugenta os morcegos, põe nas sombras
o cantar do correr de pés na areia.

O remar da carícia afina as formas
deste mundo barroco e o faz conciso,
uma linha de luz na noite. Corre

pelo urdume do sonho outra beleza
(só tive Deus em mim alguns momentos)
que o tempo não corrói, nem o sol cobre.

SONETO A VERMEER

De luto, a minha avó costura à máquina,
e gira um catavento em plena sala.
Vejo seu rosto, sombra que a janela
corrompe contra um pátio amarelado

de sol e de mosaicos. Sobre a mesa,
a tesoura, um esquadro, alguns retalhos
e a imóvel solidão. A minha avó,
com seus olhos azuis, o tempo acalma.

A minha avó é jovem, mansa e apenas
a limpidez de tudo. Sonho vê-la
no seu vestido negro, a gola branca,
contra o corpo de cão, negro, da máquina:

a roda, de perfil, parece imóvel
e a vida não se exila na beleza.

ELEGIA DE LAGOS

Aqui
os velhos navios
vinham limpar os cascos,
não das ondas, nem dos ventos, nem do que sonha
                    a distância,
mas do que tende à terra e à pedra, ao caramujo,
              ao sapo e ao lagarto,
ao que é feio e se aferra
à superfície do mundo
e é inércia e espera.

Desço
a rua de minha infância, na direção da praia,
e venho dar neste porto de escravos.
Aqui,
nos alagados,
os meninos
vendem mangas e galinhas,
galinhas amarradas juntas pelas pernas,
como um ramo de flores, as cabeças aflitas
a fugir do mergulho,
os pescoços em u,
as línguas pontiagudas
a surgirem, pistilos, dos bicos semi-abertos.

Passa um rapaz
a equilibrar
um cacho de bananas à cabeça,
com a mesma displicência com que Deus
traça em si próprio a curva do universo.
E um outro
canta,
e tamborila
na tábua apodrecida
pela chuva, esta tristeza
das pirogas de pesca com as redes lançadas
sobre as águas do canal e todas as ausências.

Há muito tempo atrás, meu corpo sobre a praia
podia ser um barco a enxugar-se.
Ainda havia
o convite salino do futuro. A vida
não nos negara às marés, aos tufões e às febres,
ao abismo e às pragas.
A vida não deitara
o menino,
com o livro iluminado,
na cadeira de lona, a repousar de haver sido
um sonho e alguns versos

em que o amor está em todas as vogais, envelhecido
de jardim e de sol.

Cresce o mamoeiro no quintal de minha casa.
Mas não sei mais tirar do seu talo a simples flauta
e o débil assobio.
Desaprendi
a lançar o pião
e a correr sobre os muros,
embora viva
na abundância das flores amarelas,
do calor e das garças.

Este jumento manso,
perseguido pelas moscas,
é certa manhã, depois da chuva, entre os grajaus
de pombos.
Caminha lento,
tal a luz úmida,
por um quintal já findo.
Ali,
senti que a morte de alguém a mim passava,
quando o cesteiro, com o cabo
da faca comprimido contra o ventre,
ia entrançando o vime, e a faca

abria apenas o espaço para o enlace
das hastes; não feria, só cortava
o remate das varas – como a noite
só fecha os olhos
do exato fim
da tarde.

Chega o burrico junto ao muro em que me sento,
a despir-me da vida.
A morte
debulha-se
como uma fava: caem
de dentro dela os dias,
até o mais antigo,
em que ouvimos o seu nome pela vez primeira.
Ela nos põe o focinho, sendo um cão, nos joelhos
e está cheia de sarna, de infância e de medo.

Abandona-me o que vejo
e fica em mim represo.
Fui
o que não pensei ter sido. Sei que os dias
se abraçam comigo.
Por isso,
agora,

passo a mão humildemente sobre o pêlo do
                        cachorro,
quase a pedir
ao escorraçado,
ao esquecido,
que se aconchegue aos meus pés
e aqui
fique.

CONSOADA
(1993)

MURMÚRIO

Vou pedir a meu pai
que me esqueça menino.

SONETO

Quando o sonho se acolhe em nosso corpo,
e o céu navega para nós, alçadas
as nuvens, e as cousas que pensamos
serem caladas, por avaras, falam,

e a flor mais suja sobre a cerca podre
se constela em jardim, e a noite cede,
pendurado morcego, à luz que cresce
das palavras espero e aqui escrevo,

e quando o tempo não discorre e pára
o apertar do garrote, a roda e as armas
com que a vida a si mesma se guerreia,

tudo é completo, embora frágil, breve
e simples como a vela que se acende
e ilumina, no escuro, o encoberto.

BREVE SOLILÓQUIO NO JARDIM DAS TULHERIAS

O que quer este menino a andar de bicicleta,
senão lembrar-me do que fui? Senão, tonto de
                                        riso,
entre pombos e pardais no chão ensolarado,
                                  fingir-me?

Não aceito o ter sido. Nem me quero menor
no coração que guardou o assombro e a fábula
de tudo o que viveu como um sonho escondido.

Os dias me cobraram o que era infinito.
E, se agora persigo o pedalar do menino,
é porque sei que sou o final do seu riso.

A ADOLESCÊNCIA DE HÖLDERLIN

Os deuses correm sobre a relva e atam
o sol ao seu redor.
    Lançam o efêmero
amanhecer no areal.

    E, sendo a venda
que levam sobre os olhos pouco espessa,
aprendem nossos rostos,
    para a morte.
Nosso fel escondido
só veriam
    e o escuro das vísceras,
    se, amantes,
não suasse a beleza em nossa pele.

(Por isso, contra os deuses,
    há o eterno.)

ESCRITO A LÁPIS, SOB UM EPITÁFIO ROMANO

Q ARTVLVS
ANORUM IIII SI

(Quintus Artulus.
Tinha quatro anos de idade,
e puseram sobre ele
esta pedra.)

POEMA DE ANIVERSÁRIO

Põe as mãos nos joelhos dos dias. Pede ao tempo:

– Lava a infâmia do espelho. Vai, suspende
não apenas a pausa e o movimento,
a vida e o que, passando, fica neste rosto

e fica neste pouso do ser e do haver sido,
nos jardins demorados de luar e beleza
e na planície gelada, um céu crucificado.

Pára o que parado está, como a onda, a duna e
                              o vento,
numa rota manhã que é um estandarte aberto,
se a buscamos em nós, como memória e aceno

do que a nora mergulha no eterno rio imóvel
e traz de volta, limpo, no barro de seus púcaros,
e se despede da roda e de nós, carcomidos.

A água que deles cai já banhou o meu corpo,
quando puxei as asas ocultas na omoplata,
quando fui assobio para não ser palavra,

quando fugi de ver-me, narciso afugentado
e eco reprimido, por me querer parado.
Pede ao tempo que é teu sonho e teu retrato

e ao que não sabe de ti, nem da infância e do
beijo,
nem do barco ancorado em que a morte veleja,
que te diga o que ama (as mãos sobre os
joelhos)

na flacidez da carne, na artrite e na cegueira.

5 DE SETEMBRO

Quando nos criaram,
as mãos do deus já estavam
cansadas.

Por isso,
somos frágeis e mortais. E amamos,
para resgatar o que no deus
foi sonho.

SONETO

E quando eu era um príncipe e andava entre os
 rebanhos,
e só havia a pressa do bonde e da guitarra,
eu ia para a escola montado num carneiro,
o pássaro do sonho pousado no meu ombro.

E passavam por mim, a conduzir os jumentos,
aguadeiros descalços, franzinos, remelentos,
e a dor que deles tinha, ensolarada no corpo,
eu a via queimar-se no fogão da cozinha,

nas guelras dos pescados, na rouquidão espessa
do grito das galinhas, no retesar da corda
que prendia os cabritos, os asnos e os sonhins.

Mas não a imaginava nesta adulta tristeza
e que vestiram de amor, como se não bastasse
que a ave no meu ombro me bicasse a orelha.

POEMAS DE AVÔ

1. NATAL

Bruno,
agora que vieste, é bom que saibas:
a vida canta baixinho
e, quando grita,
desatam-se de nós o sonho e o êxtase.

As braçadas de rodas que as meninas
repõem no roseiral
invertem o rio,
fazem de mim a tua sombra antiga.

Procura o branco.
Ainda que o suje o ouro, é branco. Branco
o lençol, a roupa junto ao corpo,
o céu ceifado de nuvens, se amanhece,
e igual, colhido o feno ao sol,
se entardece.

O verde é alegre,
mesmo se a lagarta
recorta o galho e a folha de ferrugem,
se sobre a grama há papéis e latas,

pois vivemos no azul, que se respira
e que se vê
nos olhos de quem nasce.

O fruto cai, amarelo.
Calma. Espera.
É lento este jardim. Lentos, os peixes
com as flores que há no cinza. O cinza é belo.
Como é belo o vermelho. Vê, não correm
no deserto da tarde a cabra e o asno
e sopram sobre a areia com seus cascos
na relva ressequida? Vem do barro
a água da moringa.

A beleza caminha à tua frente.
Despreza o tigre que há nela, mas
não afasta o afago da urtiga.
O que parece vão e sem mistério,
como as rosas nos braços das meninas,
não pára de nascer
e faz-se eterno.

2. DEZEMBRO, EM BOGOTÁ

Limpas a mão
nas flores

e ris
para o escondido.

Estás sentado na grama,
a resvalar
para a terra dos canteiros,
atento ao grilo e à cigarra,
quase intocado
pelo passar
do sol,

do sol que arranca as sombras
que se veriam
imóveis
(assim a calmaria
do linho nos varais),
se
da vida
não germinasse
a eternidade.

Tua mão
limpa
as pétalas
das flores.
Faz-se mais puro o mundo
com teu corpo.

Por ser belo viver
(e é belo ser breve),
o efêmero, Antônio
Pedro, não desmente
que as nuvens mudam o céu,
que a lua apaga
a lua anterior
e que a semente
é apenas
o adeus do que foi fruto
– do que foi fruto, mas breve
para sempre.

Se se pudesse passar de uma infância a
 outra infância
o sonho e a paisagem,
sagüis e caxinguelês
a limparem no rosto as mãozinhas,

coelhos
a roer o alface
e, leve
no roçar da relva,
como se caminhasse
sobre as flores e as folhas
que flutuam nas águas,
azul, a saracura
de canarana, os pombos
e os marrecos voltariam
ao chão em que te ponho

e que foi a paisagem
do menino escondido
no olhar do teu sonho.

3. A MÃO NO BERÇO

Há um outro menino
que ainda não corre nos jardins
mas já tem o meu nome.

Ele também passará
muitas vezes a vau
o milagre e o mistério

e o sonho trocará
por febre e movimento,
embora possa, um dia,

sentado na calçada,
reter também nas mãos
a vida, pequenina,

fraca, incerta, fugaz,
erva tímida, finda
tão logo a toca e a vê,

hora, brisa, avezinha
a bicar o capim,
entre ramagem e vôo.

Ele também sofrerá
o frio de ser sozinho
e puxará sobre o corpo

até ao queixo o amor.
E sentirá na pele
o que o sangue lhe reza,

a forma de morrer,
sendo linguagem e beijo.
Por agora, ele apenas

respira: o meu menino
nada sabe do bibe,
da cesta de merenda,

nem dos barcos embriagados e outros versos
                      que ficam,
adolescentes, nos passos que damos para dentro
de nós, de nossas veias, nem das mãos que
                      retocam
o amor na memória
– a moça recostada, entre sorriso e pranto,
no corrimão, a descer a escada das manhãs,
a mulher,

com seu coque grisalho, a amparar-se no alísio
cheio de laranjas,
ele e ela,
e tudo o que canta nesta forma de abraço que é
um roçar de dedos.
Não sabe do entardecer, o meu menino. Sabe
do orvalho? Entende a cantilena das flores nos
jarros e nos pastos?
Ou apenas espera que a vida o vista de
lembranças e lágrimas
e do esplendor do sol após a chuva
e lhe diga ao ouvido todas as palavras da carne
que o sonho não sacia,
mas que são asas e um bater de pulso que lembra
a eternidade.

– Nada tenho a te dar. Empobrecido,
junto ao teu berço, peço ao inimigo
que te conceda o que me deu, o abrigo
do que em mim ninguém viu (ou viu somente

o que era sombra, búzio surdo e adeus):
o amplo espaço da pétala, o umbral
aberto para um céu sem morte – enfim,
a chegada à partida, o estar aqui

a olhar o mundo, tendo o mundo e o tempo
a florir sob as pálpebras, sentindo
o deserto estrelado, o mel vertido

no que foi um destino sem certeza
outra que a de ser homem. Peço. E vejo
tua infância no colo da beleza.

4. NUM RETRATO, PARA JOÃO MARCELO

Aqui tenho o unicórnio, o leão e a gazela.
E dou-te os macaquinhos a dançar nos cipós.
De volta, corres feliz neste instantâneo antigo
de um quintal que foi meu, desbotado e
                                encardido,
mas meu, e agora teu, todo manhã de flores.

Mordes a ponta da língua num jeito de sorriso,
que nem sei se sou eu ou se és tu o menino
nesta foto apagada, com o zôo, o jardim
e o velho pombal, os marrecos e as árvores
que florescem de sombra o que foi o meu
                                corpo.
Isto a que chamo mundo e fiz meu a bom preço
de lágrima e de sonho, de alegria e tristeza,
tenho neste retrato em que estamos os dois,
e a girafa do circo, e a pantera, e a zebra,
embora apenas um, pequenino, se veja.

MURMÚRIO

Meu pai,
a tua essência
superou
o tempo
e a sorte:

deixaste
atrás de ti
alguém
que ficou
a morrer.

ESPELHO DO PRÍNCIPE
(1994)

1

O menino sentia o sol na pálpebra. Doía-lhe a cabeça. Era como se uma colher lhe escavasse a órbita espicaçada pela luz, para trazer, na concha, o olho. Tonto, sem poder fitar o muro do terraço, em cujo cinza se multiplicavam espinhos de cristal, voltou a testa para o céu e pressentiu-se à beira de um poço, a cair ao contrário. Pôs as mãos no rosto – e cheiravam mal. O trino do canário, o arrastar do sapato da ama ali sentada, a voz da vizinha a falar da janela e tudo o que soasse, ainda que um sussurro, espancava-lhe as orelhas, trovejava dentro dele. Sozinho na aflição e pequenino – tinha entre dois e três anos de idade –, foi para junto da moça, pôs a cabeça em seus joelhos e deixou-se chorar.

9

Eram de madeira o cavalo e o ginete. Pouco maior do que a mão de um adulto, a imagem do animal devia ter um ímã na sela, e a do homem de pernas em arco, pedacinhos de ferro incrustados no alto da cabeça, nas mãos, nas nádegas e nas plantas dos pés. Assim se explicariam as acrobacias do cavaleiro, capaz de escanchar-se de frente e de costas, de sentar-se de lado no selim ou de nele equilibrar-se sobre uma só perna, uma das mãos ou de cabeça para baixo. Era um desses brinquedos que se vendiam nas feiras e no mercado, onde se podia ver o figureiro cortando a madeira, embutindo o metal e pondo, de encarnado, o lenço do pescoço do boneco e, de prata, os estribos e outras partes dos arreios do cavalo.

O menino passou muitas horas com as duas peças de madeira, entretido a fabular enredos de circo e de vida, simples e breves, até que, um dia, sem explicação, elas sumiram de vez. Sem explicação e dentro de casa.

Reviraram-se todos os cômodos. Buscou-se atrás dos armários, no depósito de carvão da cozinha, no telheiro que cobria a bomba d'água, nas moitas do jardim. Nada. Como se cavalo e cavaleiro tivessem fugido a galope para um outro espaço e um outro tempo, sem, no entanto, de todo se afastarem do menino, a cujos sonhos se apegaram.

Em repetidas noites, ao longo de anos que se estenderam da infância ao embranquecer dos cabelos, o cavalo e o ginete de pau foram reencontrados pelo dono dormindo. De súbito, no sono, ao puxar uma gaveta ou desdobrar a rede, um grito punha de novo nas suas mãos a montaria tosca e o homenzinho que sobre ela cabriolava, também menino e também feliz.

19

Foi o pai quem ensinou o menino a olhar os insetos. Quem lhe pediu atenção para a alegria dos grilos. E deu nome à joaninha, à lavandeira, ao louva-a-deus, ao besouro, à vespa e ao comprido e estranho bicho-de-pau, que mais parecia um graveto. Pouco a pouco, mostrou-lhe quão numerosas eram as espécies de formiga, tão diferentes entre si quanto o zebu de um cabrito, um cabrito de um jumento ou este de uma zebra. Umas, foscas; outras, translúcidas; e também polidas ou quase oleosas. Estas aqui, do tamanho do marimbondo; aquelas, minúsculas como o ponto impresso num papel por lápis fino. Viam-se negras, cinzentas, semiprateadas, amarelas, fulvas, ruivas, a puxar ao cobre, de uma só cor, bicolores e com malhas ou rajas, a moverem diferentes antenas, ferrões, tenazes e chifres. De testa pequena ou cabeçorra maior que o corpo. De bunda enorme, alongada, redonda e em forma de pêra, ou de traseiro proporcional à estrutura do todo. Mas sempre rápidas e com a aparência de vorazes. E em grupos. Quando uma surgia escoteira, esperava-se um pouco e lá vinham as outras, em fila e a se ajuntarem como bois à entrada do curral.

43

Foi ao voltar de Viçosa
– Venha ver! É uma surpresa!
Era. Ali estava um carneirinho, um novelo branco do qual saíam, como pernas, quatro agulhas de tricô. Pouco maior do que aquele outro, o Mimoso, e nascido para o mesmo nome. O focinho, cor-de-rosa e úmido, um ípsilon a ligar as narinas à boca. O cinza dos cascos bilobados a florir na ponta do bambu fino das pernas. O labirinto interno das orelhas. A tristura dos olhos de espera. A lã tão lã, que não cansava as mãos nem o esfregar do rosto.
    Logo no primeiro dia, o menino deu-lhe de comer na mamadeira. Uma semana depois, os beiços do anho já lhe faziam, rápidos, cócegas na mão, aflitos pelos grãos de milho cozido, pelo arroz, pelo xerém. O menino trazia-lhe as folhas de couve, alface e repolho recusadas na cozinha. Punha diante dele a vasilha com água ou leite.
    O menino chamava: – Mimoso! – e o carneirinho vinha às carreiras. Lindo. Como balões que se soltassem no ar. Manso de luz na lanugem, nuveando a pequenina paisagem do quintal, vinha, todo alegria, contra os verdes das moitas, jogar-se nos braços do menino acocorado e pôr-lhe as patas dianteiras nos

joelhos. Vinha. E o menino lhe comprimia o focinho contra o ombro e ciciava: – Mimoso.

Não esperava resposta – ou esperava? A fala era de amigo e o cordeirinho dava sinais de entendê-la. Há flores, porém, que parecem borboletas, e não voam nem movem os pistilos, exceto quando as sacode o vento. Punha a mão levemente sobre a cabeça do carneiro e assim o conduzia até o pátio imprensado entre o muro das viúvas e as janelas da cozinha e do quarto das criadas. Fechava a cancela de madeira. E, ao aceno de adeus – o menino tinha as lições por fazer –, Mimoso balia, marrando a portinhola, a pôr toda a fraqueza do corpo contra ela. Se mal cerrada, lá ia ele a correr atrás do menino, até parar à porta da copa, os olhos de falta, remelentos.

Nunca entrou na casa. Quieto, ao lado do batente, até a volta do menino, ruminava.

50

Vai o menino, de mãos dadas com o amigo. Vai, guarda e pajem, manhã afora e feliz, rente às cercas de arame farpado cobertas de melões-de-são-caetano e de uma trepadeira de folhas pequeninas e pequeninas flores azuladas. De um lado e outro da rua, que se desmancha numa estrada de barro, os currais com o chão todo de esterco, e vacas e bezerros a abanarem as moscas, e as roças de milho, as matas de mamona, as copas balofas das mangueiras, os mamoeiros a se espicharem por detrás dos mocambos e da desordem do verde.
O pai fala, e a paisagem chega perto. O pai fala como quem canta e lhe explica o que é rima e metro. Metro e reto; certo e perto. Lamento e lento; e remo e vento. As palavras também caminham passo a passo, e podem ser ditas com os dedos no pulso. A voz do pai alonga-se: o nome de uma flor, que colhe. E ao menino mostra as sépalas e os estames, o pistilo e a corola.
Depois, o amigo se foi para longe do passeio. O menino puxou-lhe com força a manga do pijama, como a pedir que voltasse, que de novo desfizesse a flor e lhe repetisse os versos sobre "aquele que partiu no brigue *Boa Nova*"... Mas o pai também se havia ido e, durante todo o dia, nunca mais voltou.

67

O CAVALINHO SE EMPINA
alto como o sol rosado
viaja na grama fina
campo de morangos ralo

o aipim com seus talos
empurra a face franzina
o mundo é o pequeno mato
em que buscava a menina

as lindas mãos estão sujas
o sol é baixo e a paisagem
tem formiguinhas azuis
e rosas em seu mormaço

(bebemos leite no ubre
das cabras) os seus joelhos
transpondo a cerca florescem
no olhar de um menino vesgo

se você me beijar disse
r i a
   abelhas nos seus olhos
e as sossegadas florinhas
corriam sobre seu colo

se você a corça é lenta
a voz de chuva mansinha
tem gosto de pêra fria
só não chove em nossos braços

chuvisco de sol macio
que a tarde é clara e arrebenta
um caqui alaranjado
partido sobre o relvado

80

Contava o menino, sentado no batente da porta, as formiguinhas que sumiam por debaixo do degrau, quando o mormaço lhe trouxe o pai, que, longe, na casa da avó, talves lhe perguntasse a ela, da cadeira de balanço, onde fora parar o filho, que não vinha pedir-lhe, neste início de tarde, um desenho, um cafuné, um abraço de colo. Depois, levantando-se contra o céu seco e amarelo – não chovia há muitos meses e o azul distanciava-se no excesso de luz e na poeira –, o pai veio caminhando, pelo pátio da fazenda, para perto do menino, os olhos fundos no rosto comprido, os cabelos cinzentos, os ombros muito estreitos e caídos, os braços cruzados e as pernas magras a se desenharem no pano do pijama. Subitamente, parou, olhando o chão e os currais vazios de bois, e foi-se para o distante alpendre, onde, com as flores no primeiro plano, era visto abaixando-se e recolhendo um barbante. O menino não queria retê-lo neste gesto repetido, o de enrolar um cordão e guardá-lo no bolso, nem se encostar, encolhido, aos pés do pai calado, ou a ler em voz alta para dentro de si mesmo – "*Quand je descendais les Fleuves impassibles*" – e para as oiças do menino, em quem as palavras floriam sem a cor do sentido. Nem desejava repetir o dia em que lhe pediu que lhe ensinasse o

soneto, porque aos seus sempre faltavam ou sobejavam linhas, e o pai lhe replicou:
– Eu já não faço sonetos e nem escrevo versos, pois
o que sobra do céu que me foi dado
é este pouco de febre e aflita espera
de um instante em que o sonho se faz claro
nas pálpebras fechadas para a terra,

quando perco o que tinha, por herdado
de mim mesmo, a manhã que cobre a relva,
o galope do sol, o jogo raro
entre o que está e aquilo que em mim era.

Não vejo mais imagens repetidas
e a beleza recolhe as suas vestes.
Das palavras que digo, o que era vida

é simples eco. Mas espero, inquieto,
no roçar de um momento que me fira,
sentir o rio que flui no mar aberto chegar-se a mim,
como chegava antes. E ouvindo-o, a saudade pedia ao menino um pai que ficasse bom, que sarasse, que fosse como os outros, que vestisse o paletó, apertasse a gravata, pusesse o chapéu e saísse para o trabalho, as livrarias e os cafés, a sorrir como os outros, o pai

que não sorria nunca e carregava o exílio e o cárcere consigo, que fazia o menino chorar o não-ter-sido e, pobre de pedir, o não-ter-tido, e agarrar-se aos seus joelhos, a implorar-lhes, ó meu pai, ó meu pai, um destino que fosse o avesso deste e não dilacerasse, ao negar-lhe a presença de quem ali presente, um frágil corpo, sozinho – se o pai não ria, deixara de ter lágrimas –, à espera da morte, da morte que talvez, há tanto tempo, estivesse com ele, sem completar o abraço.

85

Lá vêm as mocinhas de bicicleta! Seis, oito, dez. Os cabelos longos, no ar, a bater contra os ombros. O movimento das pernas a pôr sombras nas saias coloridas. Vêm em grupo, velozes, um bambuzal ao vento. Junto aos canteiros da praça, deixam de pedalar, descem dos selins e, com as mãos nos guidons, lindas, a rir e conversar, conduzem a pé e de lado as bicicletas, cujas rodas lhes acompanham, girando, o ritmo dos passos. Nesta e naquela, as florinhas do vestido estampado continuam o jardim. Uma outra parece sair da escola, de blusa branca e saia marinho. E a que usa um chapéu de palha fina, preso por uma fita ao queixo e caído da cabeça para as costas, veste amarelo.

    Uma delas, de frente-única axadrezada, encosta a bicicleta a uma árvore e corre para o homem que vende algodãozinho. Fora a primeira a avistá-lo e quer ser a primeira a fingir que morde a nuvem de açúcar. A vaia a acompanha na carreira. E ela, em resposta, a simular outra intenção e rumo, vai para junto do menino, que as contempla, sentado num banco, prende-lhe o rosto nas mãos, morena e sorridente, e o beija na boca. Depois, rápida, entre aplausos, corre de volta para junto das companheiras, e lá se vão todas avenida afora. A última do bando quis olhar para trás e, ao voltar-se, tira uma das mãos do guidom e a põe no selim, tal qual, na lembrança do menino, ia a bem-amada sobre o touro, a mão esquerda a apoiar-se no seu dorso e a prender-lhe com a direita, firme, o corno. Ele podia sentir o focinho molhado do auroque da gravura. E recordar as palavras que a explicavam, num poema antigo. Perdera, entretanto, as feições da mocinha do beijo, do quase mordisco breve e leve, mansa ternurinha irônica e cheia de felicidade. Teria querido, antes, o beijo da outra, a de chapéu de palhinha e vestido amarelo, ainda que fosse no rosto e não como aquele, na boca, e tão insosso pela surpresa, que teria de refazê-lo no coração, em sonho.

Trouxe-as de volta, as gurias de bicicleta, a remarem contra o ar, cabelos e saias esvoaçantes, cantando o riso e o movimento. E as fez partir de novo, com ele a pedalar veloz, levando no guidom, sentada, a menina de amarelo, que deixava cair para trás a cabeça, linda de alegria.

117

Visto desta banda, parece magoado. Desta outra, parece estar dormindo. E de frente, vê-se que vai chorando. Seco de lágrimas e sereno, vai, levado pela balsa dos dias, no seu pijama largo, os pés macios nos chinelos, os bolsos cheios de barbantes – os barbantes que recolhia pela casa e enrolava frouxamente em dois dedos da mão. Vai descendo o tempo que não sente, sentado na cadeira de braços, um livro no colo, a olhar o vazio ou a memória, sem passeios após a chuva, sem passarinhos a que dar de comer e de beber, ainda mais solitário do que antes.

O menino chega junto dele e lhe acaricia os cabelos. Do pai que parece dormitar, recolhe o pranto da alma e a tristeza que sobe, ao longo do cafuné, pelos seus dedos. Agora já sabe que o milagre é impossível, que o pai não acordará, um dia, dourado de sorriso. Agora já sabe que o pai é o esquecido, o para sempre noturno, o mãos-cheias de lótus, o embora vivo no exílio de seu barco, sem remos e sem velas, sozinho e destronado. Agora já sabe o que deve ser um deus a refazer o nada.

128

– O que cantas baixinho?
Por mais que nada sonhes,
não vês que cresce o musgo
à toa no chão úmido
e o capim e os espinhos
não diferem das flores?
O que entoas sem nexo
é a humildade da vida,
o que mais pequenino
brilha em sol, limpo e belo.

*(Canta o pai do menino.
Alça vôo um inseto.)*

AO LADO DE VERA
(1997)

O AMOR AOS SESSENTA

Isto que é o amor (como se o amor não fosse
esperar o relâmpago clarear o degredo):
ir-se por tempo abaixo como grama em colina,
preso a cada torrão de minuto e desejo.

Ser contigo, não sendo como as fases da lua,
como os ciclos de chuva ou a alternância dos ventos,
mas como numa rosa as pétalas fechadas,
como os olhos e as pálpebras ou a sombra dos
                                                remos

contra o casco do barco que se vai, sem avanço
e sem pressa de ausência, entre o mito e o beijo.
Ser assim quase eterno como o sonho e a roda
que se fecha no espaço deste sol às estrelas

e amar-te, sabendo que a velhice descobre
a mais bela beleza no teu rosto de jovem.

AO LADO DE VERA

1

Usa o meu coração, se o teu já tens gasto,
feito a pedra de mó que a faca alisa, cava
e parece estender como massa de trigo
sobre a mesa molhada. Usa o meu coração

como o trapo que limpa a sujeira das tábuas
e enegrece de pó, e se pui, e se esgarça,
se com ele se invertem este dia adverso
e esta noite perversa. Usa o meu coração

para nos esconder, como aos olhos as pálpebras.
do cansaço do tempo, do bolor nos retratos,
e jogar para os céus, ao abrir das janelas,
qual um sonho ou um parto, os pardais e os canários.

2

Pois estávamos tristes,
apesar dos sorrisos,

da tua mão na minha
e das flores na sala.

E como havia em tudo
um adeus sem destino,

deixamo-nos ficar
neste sofá florido.

Mas, de súbito, um pássaro,
suspeitando o jardim

com seus grilos e rãs,
trouxe o sonho de volta

do que foi nossa alma,
do que foi nossa carne,

do que foi a desfeita
solidão pelo abraço.

E disseste: – Na pressa
da alegria, retive

o que sei era morte
no seu próprio casulo.

Livre agora, ela pasce
as graminhas do dia,

sobre as mesmas colinas
em que fomos felizes.

E eu te falo do amor
que tem cãs – e enovelas

tardes, noites, manhãs,
com seus sóis e estrelas,

tudo o que nos foi dado,
o orvalho, o chuvisco,

os cavalos no estábulo,
o céu nos precipícios,

as manhãs sobre as praias,
as goiabas e as uvas,

e o que não se faz tarde,
por ser fado cumprido,

e nos naipes jogados
o que foi um destino.

Mas no horto cerrado
e na aberta campina,

eu te aceno de perto
como quem te imagina

um deserto florido,
num crepúsculo lerdo,

em que vais, quase finda,
me sorrindo menina.

3

E, então,
como se estivéssemos a olhar do alto da varanda
partirem os cabriolés com moças de anquinhas e
          rapazes de polainas,
num cinema antigo
ou na lembrança de adolescências que não foram
          as nossas,
mas trazemos nas veias como os versos dos
          sonetos e as gravuras
de balões de onde acenam, felizes, homens de
          cartola,
lentamente vamos
descendo a escadaria até à areia e aos canteiros
          de jardins de onde volto,
o casaco nos ombros, os cabelos em asas,
o olhar sofrido pelos barcos descascados, e as
          cercas puídas
de cupim, e as crianças com ranho a escorrer
          pelos lábios,
e o encardido da noite a se abrir, vacilante,
enquanto a mão se alonga num bom dia
ou adeus.
          Pois também partes,

a câmara a afastar-se do teu rosto que ocupava
o retângulo inteiro da memória,
os cílios molhados de saudade,
os dentes a morderem o lábio inferior, o coração
a ser cortado em tiras e refogado numa gordura
                                        escura
como a terra, como o saco de coar o café que se
        derrama no caneco de lata dos vaqueiros,
como esta sala escura
        em que *the end* fica em nossas pálpebras
e sai conosco
pelas calçadas iluminadas de tristeza e comovido
beijo.   E se agora
procuro com a ponta dos dedos tocar-te a
                          sobrancelha,
é para refutar os que negam ao amor a
                          eternidade,
é para refazer as pétalas das flores emurchecidas
        e o velo tosquiado dos carneiros,
e repor
numa tarde que sabemos
a luz limpa de depois da chuva e o verde de um
                                  silêncio
em que vamos de mãos dadas
para sempre.

4

Para que este amor, se o tempo abraça
o nosso abraço e o consome, e passam
as manhãs sem retrato, o sol ferido
pelo se pôr com o pousar das aves?

E para que, se, sendo encontro, parte
com nossos corpos e se faz viagem
solitária, obscura, ao céu do chão,
abrir de velas sobre um mar sem praias?

Mas quando o húmus se levanta em rosas,
a pergunta não mais chega às orelhas
e se dissolve no seu próprio eco,

pois sabemos o amor ser o que em nós
aspira ao oceano e às estrelas
e faz da morte um cisco sobre a mesa.

AVISO, EM VOZ BAIXA

Cuidado! Não é tua
esta morte. Cuidado! Ela vem disfarçada
de irmã e reparte
moscas e formigas
como se fossem frutas
maduras e espigas.
Cuidado! que vem vestida
de infância
e de vida.

POEMAS REUNIDOS
(2000)

TESTAMENTO

Hoje, à espera
de meu aniversário

eu,
que também fui menino
e persegui os passarinhos,

para pô-los no bolso da camisa, confiante
nas asas que abririam no meu sangue,

confesso que pequei
por palavras e obras,
por esperas e sombras,

e retorci o meu sonho,
acreditando enganosas

a plumagem dos cisnes
e as rosas das modinhas.

Confesso que errei, na ilusão
de fazer limpa a vida. E, se não

a reduzi a ossos secos
sobre um jardim de areia,

foi porque aprendi
nos livros de crianças

que a morte nos persegue
vestida de beleza.

Fiquei por isso
com a mão no húmus, por alguns instantes,

raspei do tacho o resto de azinhavre
e dobrei a amargura
como se dobra um lenço,

como se fora limpo, ainda que com restos
de escarro e despedida.

E separei para mim
o que nesta partilha

entre infância infinita
e o que são os meus dias

eram sombras de flores
e o charco florido.

(Não mais, não mais um só aceno
a quem saiu do agora para fugir do tempo,

e se afasta da páscoa, e se cala, cantando
para dentro o segredo

do que seria a vida, mas é só o avesso
da vida que não pede,
como se fosse humildade,

a quem lhe dá os naipes
a carta mais pequena.)

Mas ia alta a pandorga. E novamente
a azenha das garças se movia.

E eu,
eu que também fui velho
e sonhei com os passarinhos

e os quis bem aqui,
entre a pele e a camisa,

ou a bicar na janela o farelo e o alpiste,
fui tirando dos bolsos

o pião, este rolo
de barbante encardido, esta ninfa exilada
entre oxuns, na ribeira,

estas bolas de gude, este pranto, este beijo,
a minha mãe sorrindo no balanço da rede,

a minha bem-amada escovando os cabelos,
e este carretel, e bala de menta,
e o aceno de adeus.
        Tudo isto vos deixo.

    Levo comigo
    o assobio do medo.

    Levo comigo
    o que foi na infância
    solidão e degredo.

    Levo comigo
    este fruto bichado,
    esta cica, este amargo,

      e da água bebida
      o que fica de sede,

e do corpo, cortado,
como a grama bem rente,
do que nele era salto

e corrida, este ofego,
pois as velas ao vento
que em mim sei que havia

com o barco vos deixo.

E deixo-vos também o mar, para que nele vos pesque
o passar amoroso dos dias. E as floradas de inverno,
com o verde a salpicar-se de amarelos. E os chuviscos
entremeados de sol, enquanto vamos,
a empurrar com a vareta a roda de barril.

Nada disso perdi e, portanto, vos deixo
com os domingos de ramos sem o roxo depois.
E vos digo baixinho, como quem se arrepende:
– Não precisa de flores o jardim do meu corpo.
Pois, enquanto esvazio o que tinha nos bolsos,
enxugo do relento as rugas do meu rosto.

(Estou aqui, num fim de dia, a olhar o mar.
O mar azul, verde, branco, cinza-claro e cinza-escuro,
conforme as nuvens e o abaixar das pálpebras.

Dele, deixo aos que querem partir as ondas sobre a
[praia.
Os barcos de chegada. As pandorgas
que fincamos na areia.

Por isso, porque não quis o que me deram,
a proa contra as águas, a algaravia dos metecos, a
[insistência
com que me arrancaram do porto,

deixo a quem as quiser as outras pátrias
e me enovelo junto aos mamoeiros do fundo de um
[quintal,
fechado como uma sensitiva ao contrário,

à espera que me abras com o toque de teus dedos.
Moça de blusa cáqui, saia azul de flanela
e cabelos cortados pouco abaixo da orelha,

quase nada me sobra, se te pago o que devo.)

Foi-se o adolescente
no estribo do bonde.

Só para ele, porém, eu poderia declamar a presença de Deus na minha pele, naquela tarde em que fui morrer, sozinho, à saída do colégio, e legar-lhe aquele pranto, a branquear por dentro uma angústia de ratos trancados na despensa vazia, e devolver-lhe um céu que ainda não se exilara para longe dos pássaros e das estrelas.

De onde não é a morte,
ele vem e me acode:

– Não jogue com as saudades de um velho, limpas de remorso. Nem acumule no lápis odores de flores noturnas, mugidos de bois e cafunés no mormaço, à espera de que consiga desenhar o que foi orfandade e desterro. Pode deixar comigo os seus adeuses. E beba lentamente o tempo que lhe resta: sabe a beijo.

BIOGRAFIA

Alberto Vasconcellos *da Costa e Silva* nasceu em São Paulo, a 12 de maio de 1931, filho do poeta Da Costa e Silva (Antônio Francisco da Costa e Silva) e de Creusa Fontenelle de Vasconcellos da Costa e Silva. Estudos primários e início do curso secundário no Colégio Farias Brito, em Fortaleza. Em 1943, transferiu-se para o Rio de Janeiro, onde cursou o Externato São José e o Instituto La-Fayette. No início dos anos 1950, integrou o grupo da *Revista Branca*, de Saldanha Coelho, ao lado de Samuel Rawet, Fausto Cunha, Renard Perez, Bráulio do Nascimento e outros. Diplomou-se pelo Instituto Rio Branco em 1957. Na carreira diplomática, foi secretário na Embaixada do Brasil em Lisboa (1960-1963) e Caracas (1963-1964), cônsul em Caracas (1964-1967), novamente secretário em Washington (1969), ministro-conselheiro em Madri (1974-1976) e Roma (1977-1979), embaixador em Lagos, Nigéria (1979-1983), cumulativamente em Cotonu, República do Benim (1981-1983) e posteriormente em Lisboa (1986-1990), Bogotá (1990-1993) e Assunção (1993-1995). Presidiu a Academia Brasileira de Letras (2002-2003), para a qual foi eleito em 2000. Em 2004, conquistou o Prêmio Juca Pato (intelectual do ano), da União Brasileira de Escritores. É Doutor

Honoris Causa em Letras pela Universidade Obafemi Awolowo (ex-Universidade de Ifé), da Nigéria (1986), e um dos mais notáveis divulgadores de nossa cultura no exterior.

BIBLIOGRAFIA

Poesia

O parque e outros poemas. Rio de Janeiro: Revista Branca, 1953.

O tecelão. Rio de Janeiro: Livros de Portugal, 1962.

Alberto da Costa e Silva carda, fia, doba e tece. Lisboa: Gráf. Manuel A. Pacheco, 1962.

Livro de linhagem. Lisboa: M. A. Pacheco, 1966.

As linhas da mão. Rio de Janeiro: Difel/Instituto Nacional do Livro, 1978. Prêmio Luísa Cláudio de Souza, do Pen Club do Brasil.

A roupa no estendal, o muro, os pombos. Lisboa: M. A. Pacheco, 1981.

Le linee della mano. Tradução para o italiano de Adelina Aletti e Giuliano Macchi, ensaio de Luciana Stegagno Picchio. Milão: All'Insegna del Pesce D'Oro, 1986.

Poemas de Da Costa e Silva e Alberto da Costa e Silva. Tradução para o castelhano e ensaios introdutórios de Carlos Germán Belli. Lima: Tierra Brasileña, 1986.

Consoada. Bogotá: Imperial, 1993.

Ao lado de Vera. Rio de Janeiro: Nova Fronteira, 1997. Prêmio Jabuti, da Câmara Brasileira do Livro.

Poemas reunidos. Rio de Janeiro: Nova Fronteira/Fundação Biblioteca Nacional, 2000. Prêmio Jabuti, da Câmara Brasileira do Livro.

Memórias

Espelho do príncipe: ficções da memória. Rio de Janeiro: Nova Fronteira, 1994.

Literatura Infanto-Juvenil

Um passeio pela África. Rio de Janeiro: Nova Fronteira; Salvador: Centro de Estudos Afro-Orientais, 2006.

Ensaios

O vício da África e outros vícios. Lisboa: J. Sá da Costa, 1989.

Guimarães Rosa, poeta. Tradução para o castelhano de Nora Ronderos. Bogotá: Centro Colombo-Americano, 1992.

A enxada e a lança: a África antes dos portugueses. Rio de Janeiro: Nova Fronteira; São Paulo: Edusp, 1992. (2ª ed., revista e ampliada, Rio de Janeiro: Nova Fronteira, 1996; 3ª ed. revista e ampliada, Rio de Janeiro: Nova Fronteira, 2006).

As relações entre o Brasil e a África negra, de 1822 à 1ª Guerra Mundial. Luanda: Cadernos do Museu Nacional da Escravatura, 1996.

Mestre Dezinho de Valença do Piauí. Teresina: Fundação Cultural Monsenhor Chaves, 1998.

O pardal na janela. Rio de Janeiro: Academia Brasileira de Letras, 2002.

A manilha e o libambo: a África e a escravidão, de 1500 a 1700. Rio de Janeiro: Nova Fronteira/Fundação Biblioteca Nacional, 2002. Prêmio Jabuti, da Câmara Brasileira do Livro. Prêmio Sérgio Buarque de Holanda, da Biblioteca Nacional.

Um rio chamado Atlântico: a África no Brasil e o Brasil na África. Rio de Janeiro: Nova Fronteira/UFRJ, 2003.

Francisco Félix de Souza, mercador de escravos. Rio de Janeiro: Nova Fronteira/Eduerj, 2004.

Das mãos do oleiro: aproximações. Rio de Janeiro: Nova Fronteira, 2005.

Castro Alves: um poeta sempre jovem. São Paulo: Companhia das Letras, 2006.

Organização

Da Costa e Silva: poesias completas. Rio de Janeiro: O Cruzeiro, 1950. (2ª ed., revista e anotada, Rio de Janeiro: Cátedra/Instituto Nacional do Livro, 1976; 3ª ed., Rio de Janeiro: Nova Fronteira, 1985; 4ª ed., Rio de Janeiro: Nova Fronteira, 2000)

Antologia de lendas do índio brasileiro. Rio de Janeiro: Instituto Nacional do Livro, 1957. (2ª ed., Rio de Janeiro: Edições de Ouro, 1969, sob o título *Lendas do índio brasileiro*; edições subseqüentes pelas Edições de Ouro)

A nova poesia brasileira. Lisboa: Escritório de Propaganda e Expansão Comercial do Brasil, 1960.

Poesia concreta. Lisboa: Escritório de Propaganda e Expansão Comercial do Brasil, 1962.

Focus – Enciclopédia Internacional. Lisboa: Sá da Costa, 1963-1968. (Redator e organizador da parte brasileira)

A literatura piauiense em curso: Da Costa e Silva. Teresina: Corisco, 1997.

Poemas de amor de Luís Vaz de Camões. Rio de Janeiro: Ediouro, 1998.

Antologia da poesia portuguesa contemporânea: um panorama. Organização de Alberto da Costa e Silva e Alexei Bueno. Rio de Janeiro: Lacerda, 1999.

O Itamaraty na cultura brasileira. Brasília: Instituto Rio Branco/Embratel, 2001. Em português, inglês e espanhol. (2ª ed., Rio de Janeiro: Francisco Alves, 2002)

Sobre o autor em livro

CUNHA, Fausto. *A luta literária*. Rio de Janeiro: Lidador, 1964. p. 23-28.

_____. *A leitura aberta.* Rio de Janeiro: Cátedra, 1978. p. 164-168.

FERREIRA, Vergílio. *Conta-corrente.* Lisboa: Bertrand, 1983. v. 3, p. 346-347.

FISCHER, Almeida. *O áspero ofício:* quinta série. Rio de Janeiro: Cátedra, 1983. p. 75, 78-79.

HORTA, Anderson Braga. *Sob o signo da poesia:* literatura em Brasília. Brasília: Thesaurus, 2003. p. 191-197.

JUNQUEIRA, Ivan. *À sombra de Orfeu.* Rio de Janeiro: Nórdica, 1984. p. 203-206.

_____. *Ensaios escolhidos:* de poesia e poetas. São Paulo: A Girafa, 2005. v. 1, p. 549-552.

MARQUES, Oswaldino. *Ensaios escolhidos:* teoria e crítica literárias. Rio de Janeiro: Civilização Brasileira, 1968. p. 197-206.

MARTINS, Wilson. *Pontos de vista:* 1962-1963. São Paulo: T. A. Queiroz, 1993. v. 5, p. 383.

_____. *Pontos de vista:* 1982-1985. São Paulo: T. A. Queiroz, 1995. v. 11, p. 80-81, 542-544.

_____. *Pontos de vista:* 1991-1994. São Paulo: T. A. Queiroz, 1997. v. 13, p. 150-152, 291-292.

_____. *Pontos de vista:* 1995-1997. São Paulo: T. A. Queiroz, 2002. v. 14, p. 6-7.

MERQUIOR, José Guilherme. *O elixir do apocalipse.* Rio de Janeiro: Nova Fronteira, 1983. p. 162-165.

MOISÉS, Massaud. *História da literatura brasileira:* Modernismo. São Paulo: Cultrix, 1989. p. 415-416.

MOURÃO, Gerardo Mello. *A invenção do saber*. Rio de Janeiro: Paz e Terra, 1983. p. 221-223.

OLINTO, Antonio. *Breve história da literatura brasileira: 1500 a 1994*. São Paulo: Lisa, 1994. p. 77.

PAES, José Paulo. *Os perigos da poesia e outros ensaios*. Rio de Janeiro: Topbooks, 1997. p. 46-50.

PICCHIO, Luciana Stegagno. *Literatura brasileira:* das origens a 1945. São Paulo: Martins Fontes, 1988. p. 115.

_____. *História da literatura brasileira*. Rio de Janeiro: Nova Aguilar, 1997. p. 658.

PY, Fernando. *Chão da crítica*. Rio de Janeiro: F. Alves, 1984. p. 138-139, 294-295.

VILLAÇA, Antonio Carlos. *O nariz do morto*. Rio de Janeiro: JCM, 1970. p. 60-61.

_____. *Degustação*. Rio de Janeiro: J. Olympio, 1994. p. 47-53.

ÍNDICE

Memória Acesa como um Círio Perfeito 7

O PARQUE (1953)

Elegia Serena 23
O Parque 25
Flumen, Fluminis 27
Ode a Marcel Proust 28
Aparição de Fortaleza 30
Elegia 32
Poema 33

O TECELÃO (1962)

De Pé na Varanda Recordando 37
Soneto 1 39
Soneto 2 40
Soneto 3 41
Poema de Aniversário 42
O Espaço Vazio 43
Reminiscência de Keats 46
Vera Canta 47

Soneto de Natal 48
Vigília 49
O Amante 50
As Cousas Simples 51

ALBERTO DA COSTA E SILVA
CARDA, FIA, DOBA E TECE (1962)

Rito de Iniciação 63
Triste Vida Corporal 64
A Travessia do Rio Volta 65
Um e Nenhum 67
Um Artesão 68
Giro 70
Hoje: Gaiola Sem Paisagem 71

LIVRO DE LINHAGEM (1966)

1. Paisagem de Amarante 75
2. Diálogo em Sobral 79
3. A Bem-amada 83
4. Um Sobrado, em Viçosa 88
5. Sonetos Rurais 92

AS LINHAS DA MÃO (1978)

O Poeta, ao Poeta 99
As Linhas da Mão 101

Soneto 1 107
Soneto 2 108
A Ricardo Reis, no Mar da Galiléia 109
Soneto 110
Poema de Aniversário 111
O Menino a Cavalo 112
A Vera, em Frómista 119
Fragmento de Heráclito 120
A Despedida da Morte 121
Prece de 23 de Novembro 122
Soneto 123
Sobre Meu Túmulo 124

A ROUPA NO ESTENDAL, O MURO, OS POMBOS (1981)

Soneto a Vera 127
Imitação de Botticelli 128
A Viagem dos Reis 129
La Plus Petite 131
A Um Filho Que Fez Dezoito Anos 132
Soneto do Cafuné 135
Soneto a Vermeer 136
Elegia de Lagos 137

CONSOADA (1993)

Murmúrio 145
Soneto 146
Breve Solilóquio no Jardim das Tulherias 147

215

A Adolescência de Hölderlin 148
Escrito a Lápis, Sob Um Epitáfio Romano 149
Poema de Aniversário 150
5 de Setembro 152
Soneto 153
Poemas de Avô 154
   1. Natal 154
   2. Dezembro, em Bogotá 156
   3. A Mão no Berço 159
   4. Num Retrato, Para João Marcelo 163
Murmúrio 164

ESPELHO DO PRÍNCIPE (1994)

1 167
9 168
19 170
43 171
50 173
67 174
80 176
85 179
117 181
128 182

AO LADO DE VERA (1997)

O Amor aos Sessenta 185
Ao Lado de Vera 186

Aviso, em Voz Baixa 193

POEMAS REUNIDOS (2000)

Testamento 197

Biografia 205
Bibliografia 207

COLEÇÃO MELHORES CONTOS

ANÍBAL MACHADO
Seleção e prefácio de Antonio Dimas

LYGIA FAGUNDES TELLES
Seleção e prefácio de Eduardo Portella

BRENO ACCIOLY
Seleção e prefácio de Ricardo Ramos

MARQUES REBELO
Seleção e prefácio de Ary Quintella

MOACYR SCLIAR
Seleção e prefácio de Regina Zilbermann

MACHADO DE ASSIS
Seleção e prefácio de Domício Proença Filho

HERBERTO SALES
Seleção e prefácio de Judith Grossmann

RUBEM BRAGA
Seleção e prefácio de Davi Arrigucci Jr.

LIMA BARRETO
Seleção e prefácio de Francisco de Assis Barbosa

JOÃO ANTÔNIO
Seleção e prefácio de Antônio Hohlfeldt

EÇA DE QUEIRÓS
Seleção e prefácio de Herberto Sales

MÁRIO DE ANDRADE
Seleção e prefácio de Telê Ancona Lopez

LUIZ VILELA
Seleção e prefácio de Wilson Martins

J. J. VEIGA
Seleção e prefácio de J. Aderaldo Castello

JOÃO DO RIO
Seleção e prefácio de Helena Parente Cunha

IGNÁCIO DE LOYOLA BRANDÃO
Seleção e prefácio de Deonísio da Silva

LÊDO IVO
Seleção e prefácio de Afrânio Coutinho

RICARDO RAMOS
Seleção e prefácio de Bella Jozef

MARCOS REY
Seleção e prefácio de Fábio Lucas

SIMÕES LOPES NETO
Seleção e prefácio de Dionísio Toledo

HERMILO BORBA FILHO
Seleção e prefácio de Silvio Roberto de Oliveira

BERNARDO ÉLIS
Seleção e prefácio de Gilberto Mendonça Teles

AUTRAN DOURADO
Seleção e prefácio de João Luiz Lafetá

JOEL SILVEIRA
Seleção e prefácio de Lêdo Ivo

JOÃO ALPHONSUS
Seleção e prefácio de Afonso Henriques Neto

ARTUR AZEVEDO
Seleção e prefácio de Antonio Martins de Araújo

RIBEIRO COUTO
Seleção e prefácio de Alberto Venâncio Filho

OSMAN LINS
Seleção e prefácio de Sandra Nitrini

ORÍGENES LESSA
Seleção e prefácio de Glória Pondé

DOMINGOS PELLEGRINI
Seleção e prefácio de Miguel Sanches Neto

CAIO FERNANDO ABREU
Seleção e prefácio de Marcelo Secron Bessa

EDLA VAN STEEN
Seleção e prefácio de Antonio Carlos Secchin

FAUSTO WOLFF
Seleção e prefácio de André Seffrin

ALUÍSIO AZEVEDO*
Seleção e prefácio de Ubiratan Machado

AURÉLIO BUARQUE DE HOLANDA*
Seleção e prefácio de Luciano Rosa

ARY QUINTELLA*
Seleção e prefácio de Mônica Rector

PRELO*

COLEÇÃO MELHORES POEMAS

CASTRO ALVES
Seleção e prefácio de Lêdo Ivo

LÊDO IVO
Seleção e prefácio de Sergio Alves Peixoto

FERREIRA GULLAR
Seleção e prefácio de Alfredo Bosi

MARIO QUINTANA
Seleção e prefácio de Fausto Cunha

CARLOS PENA FILHO
Seleção e prefácio de Edilberto Coutinho

TOMÁS ANTÔNIO GONZAGA
Seleção e prefácio de Alexandre Eulalio

MANUEL BANDEIRA
Seleção e prefácio de Francisco de Assis Barbosa

CECÍLIA MEIRELES
Seleção e prefácio de Maria Fernanda

CARLOS NEJAR
Seleção e prefácio de Léo Gilson Ribeiro

LUÍS DE CAMÕES
Seleção e prefácio de Leodegário A. de Azevedo Filho

GREGÓRIO DE MATOS
Seleção e prefácio de Darcy Damasceno

ÁLVARES DE AZEVEDO
Seleção e prefácio de Antonio Candido

MÁRIO FAUSTINO
Seleção e prefácio de Benedito Nunes

ALPHONSUS DE GUIMARAENS
Seleção e prefácio de Alphonsus de Guimaraens Filho

OLAVO BILAC
Seleção e prefácio de Marisa Lajolo

JOÃO CABRAL DE MELO NETO
Seleção e prefácio de Antonio Carlos Secchin

FERNANDO PESSOA
Seleção e prefácio de Teresa Rita Lopes

AUGUSTO DOS ANJOS
Seleção e prefácio de José Paulo Paes

BOCAGE
Seleção e prefácio de Cleonice Berardinelli

MÁRIO DE ANDRADE
Seleção e prefácio de Gilda de Mello e Souza

PAULO MENDES CAMPOS
Seleção e prefácio de Guilhermino César

LUÍS DELFINO
Seleção e prefácio de Lauro Junkes

GONÇALVES DIAS
Seleção e prefácio de José Carlos Garbuglio

AFFONSO ROMANO DE SANT'ANNA
Seleção e prefácio de Donaldo Schüler

HAROLDO DE CAMPOS
Seleção e prefácio de Inês Oseki-Dépré

GILBERTO MENDONÇA TELES
Seleção e prefácio de Luiz Busatto

GUILHERME DE ALMEIDA
Seleção e prefácio de Carlos Vogt

JORGE DE LIMA
Seleção e prefácio de Gilberto Mendonça Teles

CASIMIRO DE ABREU
Seleção e prefácio de Rubem Braga

MURILO MENDES
Seleção e prefácio de Luciana Stegagno Picchio

PAULO LEMINSKI
Seleção e prefácio de Fred Góes e Álvaro Marins

RAIMUNDO CORREIA
Seleção e prefácio de Telenia Hill

CRUZ E SOUSA
Seleção e prefácio de Flávio Aguiar

DANTE MILANO
Seleção e prefácio de Ivan Junqueira

JOSÉ PAULO PAES
Seleção e prefácio de Davi Arrigucci Jr.

CLÁUDIO MANUEL DA COSTA
Seleção e prefácio de Francisco Iglésias

MACHADO DE ASSIS
Seleção e prefácio de Alexei Bueno

HENRIQUETA LISBOA
Seleção e prefácio de Fábio Lucas

Augusto Meyer
Seleção e prefácio de Tania Franco Carvalhal

Ribeiro Couto
Seleção e prefácio de José Almino

Raul de Leoni
Seleção e prefácio de Pedro Lyra

Alvarenga Peixoto
Seleção e prefácio de Antonio Arnoni Prado

Cassiano Ricardo
Seleção e prefácio de Luiza Franco Moreira

Bueno de Rivera
Seleção e prefácio de Affonso Romano de Sant'Anna

Ivan Junqueira
Seleção e prefácio de Ricardo Thomé

Cora Coralina
Seleção e prefácio de Darcy França Denófrio

Antero de Quental
Seleção e prefácio de Benjamin Abdalla Junior

Nauro Machado
Seleção e prefácio de Hildeberto Barbosa Filho

Fagundes Varela
Seleção e prefácio de Antonio Carlos Secchin

Cesário Verde
Seleção e prefácio de Leyla Perrone-Moisés

Florbela Espanca
Seleção e prefácio de Zina Bellodi

Vicente de Carvalho
Seleção e prefácio de Cláudio Murilo Leal

Patativa do Assaré
Seleção e prefácio de Cláudio Portella

Alberto da Costa e Silva
Seleção e prefácio de André Seffrin

*Alphonsus de Guimaraens Filho**
Seleção e prefácio de Afonso Henriques Neto

*Armando Freitas Filho**
Seleção e prefácio de Heloísa Buarque de Hollanda

*Álvaro Alves de Faria**
Seleção e prefácio de Carlos Felipe Moisés

*Lindolf Bell**
Seleção e prefácio de Péricles Prade

*MÁRIO DE SÁ-CARNEIRO**
Seleção e prefácio de Lucila Nogueira

*SOUSÂNDRADE**
Seleção e prefácio de Adriano Espínola

*RUY ESPINHEIRA FILHO**
Seleção e prefácio de Sérgio Martagão

*LUIZ DE MIRANDA**
Seleção e prefácio de Regina Zilbermann

*WALMYR AYALA**
Seleção e prefácio de Marco Lucchesi

*PRELO**

Impresso nas oficinas da
Gráfica Palas Athena